한자의 세계

이형동의자
異形同義字

원주용 지음

머리말

　漢字는 대략 세계인구의 30% 정도가 쓰고 있으며 앞으로 漢字에 대한 세계적 관심은 더욱 높아질 것이다. 또한 동남아시아에 있는 국가들은 우리와 인접해 있으면서 과거에도 많은 문화교류가 있어 왔으며, 세계화와 개방화에 따라 앞으로 더욱 활발한 교류가 이루어질 것이다. 이때 그들과의 원활한 문화교류를 위해서 한자의 습득은 필수 불가결한 것이다.

　한자는 어떻게 생성되었는가? 漢字의 起源은 創制說·自然發生說·圖形符號說 등이 있으나, 일반적으로 한자와 같은 表意文字는 表音文字와는 달리 그 글자 수가 너무 많아서 어느 특정한 시대에 한두 사람에 의해 단시일 내에 만들어낼 수는 없었을 것이고, 긴 세월을 거치는 동안 수 많은 사람들의 손을 통해 한자가 發明·變遷·使用되었다고 하는 것이 일반적인 견해이다.

漢字는 원칙적으로 하나의 글자가 하나의 音을 가진다. 그러나 인류의 문화가 날로 발달하고 사회가 복잡해짐에 따라 이미 있는 한자를 응용하는 다양한 방법이 개발되어 하나의 한자가 여러 가지 音과 뜻을 가지는 경우가 적지 않게 생겨났다. 또한 지역과 시대에 따라 필요성에 의해 비슷한 의미를 지니면서도 모양이 다른 漢字인 異形同義字가 생성되기도 하였다.

이 책에서는 이러한 異形同義字에 대한 것을 기술한 것이다. 이 책의 구성은 먼저 篆書를 통해 漢字의 생성 원리를 설명하고, 이어서 실제 용례를 통해 서로의 차이점과 분별점을 제시하였는데, 이에 대한 것은 1993년 吉林出版社에서 출간된 『古辭辨』의 내용을 많이 참작하였음을 밝혀둔다.

이 책이 漢字의 학습이나 漢字의 다양한 세계에 관심이 있는 분들에게 조금이나마 보탬이 되었으면 하는 바람이다.

2015년 6월 龜山 기슭에서

元周用 謹書

목 차

01 과녁

侯 / 正 / 鵠 / 質 / 的

侯: 사람이 화살을 당기는 모습에서 '과녁 − 활을 쏘는 표적으로 거는 베'의 뜻이 생겼다.

侯의 재료에는 가죽과 베 두 종류가 있는데, 『史記』 註釋 "侯 射布也 方十尺曰侯 四尺曰鵠(후는 활을 쏘는 표적에 거는 베로, 사방 10척을 후라 하고, 4척을 곡이라 한다)", 『儀禮』 "凡侯 天子熊侯白質 諸侯麋侯赤質 大夫布侯畫以虎豹 士布侯畫以鹿豕(무릇 射布로, 천자는 곰의 사포로 흰 과녁이고, 제후는 순록의 사포로 붉은 과녁이고, 대부는 베의 과녁에 호랑이와 표범을 그리고, 사는 베의 과녁에 사슴과 돼지를 그린다)", 『儀禮』 "乃張侯(마침내 사포를 펼치다)", 『說文解字』 "象張布之狀

矢在其下(베를 펼쳐 놓고 화살이 그 아래에 있는 모습을 본뜬 것이다)", 『詩經』 "終日射侯 不出正兮(종일 후에 활을 쏘는데, 정곡을 벗어나지 않네)" 註釋 "侯張布而射之者也(후는 베를 펼쳐 놓고 그것을 쏘는 것이다)", 『詩經』 疏에 "鵠及正質 皆在侯中也(곡과 정과 질은 모두 후 가운데 있다)", "侯鵠(과녁과 과녁의 한가운데 있는 점)"처럼 신분에 따라 侯의 재료가 달랐지만 가죽과 베 두 종류를 사용하고 있다.

 正: 一(한사면으로 담장이 쌓인 城邑)+止(발을 본뜬 모양)로, '발을 들어 성읍으로 정벌하러 가다'에서, 征의 原字로 '바르다, 바로잡다'의 뜻이 생겼고, 어떤 목표물을 치러 간다는 의미에서 '과녁'의 뜻도 파생되었다.

正은 『大學』에 "子曰 射有似乎君子 失諸正鵠 反求諸其身(孔子께서 말씀하시길 '활쏘기는 군자의 자세와 같음이 있으니, 활을 쏘아 정곡을 잃으면 자기 몸에 돌이켜 찾는다'라고 하였다)"라는 표현에서도 알 수 있듯이 鵠과 주로 함께 사용된다. 그런데 주석에 "畵布曰正 棲皮曰鵠 皆侯之

中 射之的也(삼베에 표적을 그려놓은 것을 正이라 하고, 가죽을 붙여놓은 것을 鵠이라 하니, 모두 과녁판의 한가운데요, 활을 쏘는 표적이다)", 『詩經』 "終日射侯 不出正兮(종일 후에 활을 쏘는데, 정곡을 벗어나지 않네)" 주석 "正 設的於侯中而射之者也 大射則張皮侯而設鵠 賓射則張布侯而設正(정은 후 가운데 과녁을 설치하고 쏘는 것이다. 대사에는 가죽 과녁을 펼쳐 놓고 곡을 설치하며, 빈사에는 베 과녁을 펼쳐 놓고 정을 설치한다)"처럼 삼베로 만든 과녁판에 표적을 그려놓은 것을 正이라 한다.

 鵠: 告+鳥가 합쳐진 것으로, '고니'는 몸집이 커서 활로 사냥하기 쉽기 때문에 고니 모양을 그려 과녁을 사용한데서 '과녁'의 뜻이 나왔다.

『大學』의 註釋이나 『論語』 "射不主皮 爲力不同科(활을 쏘는데 가죽 뚫는 것을 주장하지 않음은 힘이 동등하지 않기 때문이다)" 주석 "皮革也 布侯而棲革於其中 以爲的 所謂鵠也(皮는 가죽이니 과녁판을 베로 만들고 그 가운데에 가죽을 붙여서 표적으로 삼은 것이니, 이른바 鵠이라는 것

이다)", 『周禮』 "王大射 則共虎侯豹侯 設其鵠(왕이 대사 때
에는 호랑이 과녁과 표범 과녁을 함께해서 그 과녁을 만들
었다)"처럼 가죽으로 만든 과녁판에 표적을 그려놓은 것을
鵠이라 한다. 그리고 『周禮』의 주석 "方十尺曰侯 四尺曰鵠
二尺曰正 四寸曰質(사방 10척을 후라 하고, 4척을 곡이라
하고, 2척을 정이라 하고, 4촌을 질이라 한다)"처럼 크기로
구분하기도 한다.

 質: 符節과 조개가 합쳐져 '金錢에 맞먹는
財貨, 진실, 바탕'의 뜻이 생겼고, '과녁, 정
곡'의 뜻도 파생되었다.

質은 앞서 인용한 『儀禮』의 "天子熊侯白
質(천자는 곰의 사포로 흰 과녁이다)"처럼
'과녁'의 의미로 쓰이기도 하지만, 『韓非子』 "秦必爲天下兵
質矣(진나라는 반드시 천하 군대의 과녁이 될 것이다)"에
서처럼 '공격 목표─과녁의 한가운데 있는 점: 正鵠'으로
비유되기도 한다. 正鵠이 함께 쓰이듯 質的도 함께 쓰이기
도 하는데, 『荀子』 "質的張而弓矢至焉(질적이 펼쳐져 있으
니 활과 화살이 이른다)"처럼 많이 쓰이지는 않는다.

的: 白(희다 백)+勺(작은 국자 작)으로, 흰 동그라미 판에 작은 목표점을 찍은 데서 '과녁, 목표, 확실하다'의 뜻이 나왔다.

的은 『荀子』 "質的張而弓矢至焉(질적이 펼쳐져 있으니 활과 화살이 이른다)" 주석 "質射侯也 的正鵠也(질은 후를 쏘는 것이고, 적은 정곡이다)", 『正韻』 "射侯之中(적은 후의 가운데를 쏘는 것이다)"처럼 과녁의 선명한 색채를 표시하는 것에서 과녁 위의 선명한 부분을 일컫는 말로 쓰이며, 『後漢書』 "天下以爲準的(천하가 표준으로 삼았다)"처럼 '목표, 표준'으로 활용되기도 한다.

02 귀신

鬼 / 神

鬼: 무시무시한 머리를 한 사람의 形象에서 '죽은 사람의 혼'의 뜻이 생겼다.

鬼는 『爾雅』 "鬼之爲言歸也(귀는 돌아가는 것을 말한다)", 『列子』 "精神離形 各歸其眞 故謂之鬼 鬼歸也 歸其眞宅(정신이 몸에서 분리되어 각각 그 참으로 돌아감으로 그것을 귀라 한다. 귀는 돌아가는 것으로, 그 참 집으로 돌아가는 것이다)", 『禮記』 "衆生必死 死必歸士 此之謂鬼(사람들은 반드시 죽는다. 죽으면 반드시 흙으로 돌아가게 되는데, 이것을 귀라 한다)"라는 표현처럼, '사람이 죽어서 돌아가는 것, 곧 사람이 죽은 뒤의 영혼'이다. 그런데 『中庸』의 주석을 보면 "程子曰 鬼神 天地之功用 而造化之迹也 張子曰 鬼神者 二氣之良能也 愚謂 以二氣言 則鬼者陰之靈也 神者陽之靈也 以一氣言 則至而伸者爲神 反而歸者爲鬼其實一物而已(정자가 말하길 '귀신은 천지의 功用이요, 조화의 자취이다'라 하였고, 莊子가 말하길 '귀신은 음·양 두 기운의 良能이다'라 하였다. 나 朱子가 생각하건대, 두 기운으로써 말하면 鬼는 陰의 靈이요, 神은 陽의 靈이며, 한 기운으로써 말하면 이르러 펴짐은 神이 되고, 돌아가 되돌아감은 鬼가 되니, 그 실제는 한 물건일 뿐이다)", 『康熙字典』 "陽魂爲神 陰魄爲鬼 氣之伸者爲神 屈者爲鬼(양의 혼이 신이 되고 음의 혼이 귀가 된다. 기가 펴진 것은 신이 되고, 굽혀진 것은 귀가 된다)"라는 것처럼, 鬼神을 하나로 보거나 또는 구분하기도 하였다. '神出鬼沒'은 朱子의 註釋에 가장 어울리는 표현이다. 그런데 成大中 『靑城雜記』 "水朽生苔 木朽生芝 米朽成酒 人朽成神(물이 썩으면 이끼가 끼고, 나무가 썩으면 버섯이 돋으며, 쌀이 썩으면 술이 되고, 사람이 썩으면 귀신이 된다)"라는 표현에서 보듯이, 神도 사람이 죽은 뒤의 영혼으로 쓰이기도 한다.

神: 示(祭壇의 상형)＋申(번갯불의 상형)으로, 제단의 번갯불에서 '하늘의 신'의 뜻이 생겼다.

神은『說文』"天神 引出萬物者也(천신으로, 만물을 끌어내는 존재이다)"처럼 본래 '하늘의 신'으로 原始社會에 '萬物有靈(만물에는 영이 있다)'이라는 미신관념과 조상숭배 사상의 결합에서 생겨난 것이다.『禮記』에 "山林川谷丘陵 能出雲 爲風雨 見怪物 皆曰神(산림, 천곡, 구릉에서 구름을 만들 수 있고, 비바람을 만들 수 있으며, 괴이한 물건을 나타내 보일 수 있는 것을 모두 신이라 한다)"라는 표현처럼, 고대 神은 대부분 自然神이었다. 후대 '神農'이나 '后稷'처럼 전설 속의 영웅이나 유명한 조상이 神의 행렬에 가입하게 되었다. 또한 사람 주변엔 天神, 地神, 山神, 海神처럼 모든 곳에 神이 있다고 믿었으며, 계급사회에서 통치계급은 善을 행하면 賞과 福을 주고 惡을 행하면 罰과 災殃을 주는 근거로 삼기도 했다. 그리고『論語』주석에 "天曰神 地曰祇(하늘의 神을 신이라 하고, 땅의 神을 기라 한다)"처럼 '하늘의 神'으로도 쓰이며,『康熙字典』"陽魂爲神 陰魄爲鬼 氣之伸者爲神 屈者爲鬼(양의 혼이 신이 되고 음의 혼

18

이 귀가 된다. 기가 퍼진 것은 신이 되고, 굽혀진 것은 귀가 된다)"처럼 귀신의 의미로도 쓰인다.

　그런데 『論語』의 "樊遲問知 子曰 務民之義 敬鬼神而遠之 可謂知矣(번지가 智에 대하여 묻자, 孔子가 말하길 '사람이 지켜야 할 도리를 힘쓰고 귀신을 공경하되 멀리한다면 智라 말할 수 있다')"와 『中庸』의 "子曰 鬼神之爲德 其盛矣乎(孔子가 말하길 '귀신의 덕이 정말 지극하다')"에서 보듯이, 둘을 구분하기보다는 연용해서 표현하는 경우도 많다.

03 보다

見 / 視 / 觀 / 覽 / 示 / 看 / 睹 / 覿

見: 사람 위에 큰 눈을 얹어, '무엇을 명확히 보다.'

見은 사물이 시야에 들어와 사람이 感知하는 것으로, 『大學』의 "心不在焉 視而不見(마음이 있지 않으면 보아도 보이지 않는다)", 『論語』 "見利思義 見危授命(이익을 보고 의를 생각하며, 위태로움을 보고 목숨을 바친다)", 『鶡冠子』 "一葉蔽目 不見太山(하나의 잎이 눈을 가리면 태산도 보이지 않는다)"처럼 주관적으로 보거나 무의식적으로 보지만 사실상 이미 본 것일 경우에나, 사물이 시야에 들어와 보이는 경우에 쓰인다.

視: 示(祭壇의 상형)＋見으로, '제단에 시선을 집중하여 자세히 보는 것'이다.

視는 見과 달리 주관적으로 보는 것이다. 주관적이기 때문에 볼 수도 있고, 보지 않을 수도 있다. 『大學』의 "心不在焉 視而不見(마음이 있지 않으면 보아도 보이지 않는다)"과 『禮記』의 "視上於面則敖(시선은 상대방의 얼굴 위로 올라가면 교만하게 된다)", 『史記』 "盲者不忘視(소경은 보려는 것을 잊지 않는다)"는 주관적으로 보는 것을 말한다.

觀: 見 이외 부분은 황새의 형상으로, '황새처럼 눈을 크게 뜨고 잘 보다.'

觀은 『論語』 "視其所以 觀其所由(그 하는 것을 보며, 그 이유를 살피다)" 주석 "觀 比視爲詳矣(관은 視에 비하여 더 자세한 것이다)"처럼 視보다 자세히 살피는 것이다. 또한 觀은 『孟子』 "觀於海者 難爲水(바다를 구경한 자에게는 큰물 되기가 어렵다)", 『史記』 "諸將皆從壁上觀之(여러 장수들은 모두 성벽 위에서 그것을 보았다)"처럼 멀리서, 큰 범위에서, 굉장한 관점에서 바라볼 때도 사용된다. 그리고 '觀覽'처럼 覽과 연용해 쓰이는데, 覽은 '回覽, 閱覽, 一覽'처럼 개괄적으로 보는 것인데 비해 觀은 沈魯崇『孝田散稿』 "自施之中 無過於未死 盡天下之觀(자신에게 베푸는 것으로는 죽기 전에 천하의 구경거리를 다하는 것보다 좋은 것은 없다)"처럼 자세히 관찰하거나 감상하는 데도 쓰인다.

覽: 監(사람이 물이 들어 있는 동이를 들여다 보다)+見으로, '위에서 비추어 보다.'

覽과 監은 위에서 아래로 내려다보는 것은 동일하지만, 監은 監視, 監督하는 監察의 뜻으로 쓰이는 데 비해, 覽은『史記』 "登玆泰山 周覽東極(이 태산에 올라 동쪽 끝을 두루 보다)"처럼 높은 곳에서 낮은 곳을 내려다보는 데 쓰인다.

示: 신에게 희생을 바치는 臺로, '보이다'의 뜻이 생겼다.

示는 자기가 보는 視와 달리, 『史記』 "相如奉璧奏秦王　秦王大喜　傳以示美人及左右(인상여가 옥을 받들고 진왕에게 바치니 진왕이 매우 기뻐하며 미인과 좌우 사람들에게 전하며 보여주었다)", 『孟子』 "天不言 以行與事 示之而已矣(하늘은 말씀하지 않는다. 행실과 일로써 그것을 보여주실 뿐이다)", 『史記』 "王不行 示趙弱且怯也(왕께서 가지 않으시면 조나라가 약하고 비겁하다는 것을 보여주는 것입니다)", 『三國演義』 "斬使以示威(사신을 죽여서 위엄을 보여주다)"처럼 다른 사람에게 보여줄 때 사용된다. 하지만 『孟子』 "治國 其如示諸掌乎(나라를 다스림은 손바닥 위에 놓고 보는 것처럼 쉬울 것이다)"에 대한 주석 "示 與視同(示는 視와 같다)"처럼 視와 같은 의미로도 쓰인다.

看: 손을 이마에 대고 멀리 있는 사물을 '햇빛을 가리고 보다.'

看은 視 뒤에 생긴 方言으로, 『韓非子』 "其 姊往看之(그 누이가 가서 그를 보았다)"에서 가장 일찍 나타나며, 李德懋 『洌上方言』 "看 晨月 坐自夕(새벽달을 보는데, 저녁부터 앉아 있다)", 『歐陽 修集』 "文有三多 看多 做多 商量多(글에 세 가지 많아야 하는 것이 있으니, 보는 것이 많아야 하며, 짓는 것이 많아 야 하며, 생각하는 것이 많아야 한다)"처럼 점차 視를 대신 하였다.

睹＝覩: 目＋者(모으다)로, '시선을 한 점에 모아 보다.'

睹는 『中庸』 "君子 戒愼乎其所不睹 恐懼 乎其所不聞(군자는 그 보이지 않는 곳에도 경계하고 신중하며 그 들리지 않는 곳에도 두려워하는 것 이다)"처럼 見과 널리 互換된다. 睹는 춘추시대 이전에는 보이지 않고 전국시대 『莊子』 "今我睹子之難窮也(지금 나는 그대가 어려워하는 것을 보았다)" 등에서 많이 보인다.

覿: 賣(물건을 주다)+見으로, '예물을 가지고 가서 만나다.'

覿은 『春秋』 "大夫宗婦覿用幣(대부와 종부가 뵐 때 폐백을 사용한다)"처럼 예물을 가지고 가서 만나는 것이며, 『論語』 "私覿 愉愉如也(사사로이 만나보실 때에는 화평하게 하셨다)", 『禮記』 "不敢私覿(감히 사사로이 만나지 않는다)"처럼 사람과 사람 사이에 서로 만나볼 때에 주로 쓰인다.

04 개

犬 / 狗 / 獒

犬: 귀를 세운 '개'의 象形이다.

犬은 『論語』 "虎豹之鞟 猶犬羊之鞟(호랑
이나 표범의 털 없는 가죽이 개나 양의 털
없는 가죽과 같은 것이다)"처럼 춘추시대 이
전에 보이지만, 狗는 춘추시대에는 보이지
않다가 전국시대에 보인다. 『禮記』의 주석에는 "大者爲犬
小者爲狗"라 하여 狗는 아직 크게 자라지 않는 것이고 犬
은 다 자란 것이라 구분하기도 하였는데, 前漢 劉向 『戰國
策』 "見兎而顧犬 未爲晚也(토끼를 보고 사냥개를 돌아보는
것이 늦은 것이 아니다)", 丁若鏞 『耳談續纂』 "一日之狗 不
知畏虎(하룻강아지가 호랑이 무서운지를 모른다)", "犬馬之

勞, 犬馬之養, 犬免之爭"에서 이러한 구분이 적용되었음을 알 수 있다. 그런데 李德懋『洌上方言』"吾厭食 與犬惜(내가 먹기는 싫어도 개를 주기는 아깝다)", 丁若鏞『耳談續纂』"我厭其餐 子狗則慳(내가 그 음식을 싫어하나 개에게 주기는 아깝다)"에서 보듯이 같은 내용에서 서로 달리 사용한 것으로 보아 때로는 정확한 구분 없이 사용한 것으로 보인다.

狗: 犭＋句(빙글빙글 돌아다니다)로, '빙글빙글 돌아다니는 강아지.'

狗는『爾雅』"未成毫 狗(아직 털이 다 자라지 않은 것이 구다)",『耳談續纂』"一日之狗 不知畏虎(하룻강아지가 호랑이 무서운지를 모른다)", "狗尾草(강아지풀)"처럼 성숙하지 않은 개로 썼였다. 그런데 戰國時代에『孟子』"事之以犬馬 不得免焉(개와 말로써 섬겨도 화를 면치 못하였다)", "鷄鳴狗吠 相聞而達乎四境(닭 울음과 개 짖는 소리가 서로 들려서 사방에 도달하고 있다)"처럼 犬과 狗를 동시에 사용하기도 하였다. 이처럼 犬과 狗가 동시에 쓰이지만,『학봉집』"狗不夜吠(개가 밤에 짖지 않다)", "喪家之狗, 兎死狗烹, 黃狗"처럼 狗의 사용이 犬의 사용보다 점차 늘어나기 시작하다가 결국 狗가 犬의 別名으로 쓰여 犬을 대신하기 시작하였다.

獒: 敖(出＋放: '자유로이 나가 놀다'에서 거만하다)＋犬로, 크고 억센 개.

獒는 『爾雅』 "狗四尺爲獒(구가 4척인 것을 오라 한다)", 『左傳』 註釋 "獒猛犬也(오는 사나운 개다)", 『三國遺事』 "十世女兒巡乞 乃爲里獒所噬(10살 먹은 딸이 돌아다니며 빌다가 마침내 마을의 큰 개에게 물렸다)"처럼 사납고 덩치가 큰 개를 뜻한다.

05 가죽

皮 / 革 / 韋

皮: 짐승의 가죽을 벗겨내는 모양.

皮는 『說文解字』 "剝取獸革者 謂之皮(짐 승의 가죽을 벗겨 취한 것을 피라 한다)" 주 석 "生曰皮 理之曰革 柔之曰韋(가공하지 않 은 것을 피라 하고, 그것을 가공한 것을 혁이라 하고, 그것 을 부드럽게 한 것을 위라 한다)", 『莊子』 "夫豊狐文豹 棲 於山林 伏於巖穴 靜也 …… 然且不免於罔羅機辟之患 是何 罪之有哉 其皮爲之災也(풍성한 털을 가진 여우와 아름다운 무늬를 가진 표범은 산속에 살고 바위굴에 엎드려 있는 것 은 조용하려는 것이다. 그런데도 그물과 올가미의 근심에 서 벗어나지 못하는데, 무슨 죄가 있어서 그런 것인가? 그

털가죽이 그것의 재앙이 되기 때문이다)", 劉向『說苑』 "君子愛口 虎豹愛皮(군자는 말을 귀중하게 여기고 호랑이와 표범은 가죽을 소중히 여긴다)", 『芝峯類說』 "虎死留皮 人死留名(호랑이는 죽어 가죽을 남기고, 사람은 죽어 이름을 남긴다)"처럼 털이 달려 있는 가죽이다.

 **革**: 벗긴 짐승의 가죽에서 털을 벗겨내는 모양.

革은 『周禮』 "秋斂皮 冬斂革 春獻之(가을에는 피를 거두고 겨울에는 혁을 거두어 봄에 그것을 받쳤다)" 주석 "有毛爲皮 去毛爲革(털이 있는 것이 피이고, 털이 제거된 것이 혁이다)", 『說文解字』 "獸皮治去其毛(짐승의 가죽에서 그 털을 가공하여 제거한 것이다)" 주석 "皮去其毛 染而瑩之曰革(가죽에서 그 털을 제거하고 물들여 빛나게 한 것을 혁이라 한다)", 『韻會』 "皮熟曰韋 生曰革(가죽을 익힌 것이 위이고 익히지 않는 것이 혁이다)" 주석 "革者 去毛而未爲韋者也(혁은 털을 제거한 것으로 아직 위가 되지 않은 것을 말한다)", 『漢書』 "曳革履(가죽신을 끌다)", 『洌上方言』 "仰射空 貫革中(우러러 공

중을 쏘아도 가죽 과녁의 중앙을 뚫는다)"처럼 털이 제거
되어 韋의 상태가 되기 전을 말한다.

 **韋**: 털을 제거한 상태에서 무두질하여 부
드럽게 하는 모양.

韋는 털은 제거되었지만 아직까지 단단한
革과 달리, 『廣韻』 "柔皮(부드러운 가죽)", 『史
記』 "韋編三絶(가죽 끈이 세 번 끊어지다)", 『論語』 "惡衣
服而致美乎黻冕(의복은 검소하게 하시면서도 불·면의 祭
服에는 아름다움을 다하시다)" 주석 "黻蔽膝也 以韋爲之
(불은 무릎을 가리는 것인데, 가죽으로 만든다)", "韋袴布
被(가죽 바지와 베옷: 貧士의 옷차림)"처럼 무두질하여 부
드러워진 상태를 말한다. 하지만 『論語』 "射不主皮(활을
쏘는데 가죽 뚫는 것을 주장하지 않는다)" 주석 "皮革也(피
는 가죽이다)"에서 보듯이 때로는 통용해서 쓰기도 한다.

06 듣다

聽 / 聞 / 聆

聽 耳+壬(내밀다)+'반듯한 마음'으로, '귀를 내밀고 반듯한 마음으로 잘 듣다.'

聽은 『荀子』 "耳不能兩聽而聰(귀는 두 가지를 들을 수 없기 때문에 밝다)", 『燕巖集』 "附耳之言 勿聽焉(귀에 대고 하는 말은 듣지 말라)", 『耳談續纂』 "牛耳誦經 何能諦聽(소귀에 경전을 읽는다 해도 어찌 살펴 들을 수 있겠는가?)", "聽衆, 聽覺, 補聽器"처럼 귀를 활용하여 소리를 포착하는 것이다.

 **聞**: 문에 귀를 대고 듣다.

聞은 『詩經』 “聲聞于天(소리가 하늘에서 들리다)”, 『老子』 “聽之不足聞(그것을 들으려 해도 들을 수 없다)”, 『莊子』 “聽而可聞者 名與聲也(들어서 들을 수 있는 것은 이름과 소리이다)”, 『大學』 “心不在焉 視而不見 聽而不聞(마음이 있지 않으면 보아도 보이지 않으며, 들어도 들리지 않는다)”, 『鶡冠子』 “兩豆塞耳 不聞雷霆(두 개의 콩이 귀를 막으면 우레와 천둥소리도 들리지 않는다)”처럼 귀가 소리를 감지해 들리는 것이다. 이처럼 聽은 주관적 動機인데 비해 聞은 객관적 결과이다. 그런데 『論語』 “道聽而塗說 德之棄也(길에서 듣고 길에서 말하면 덕을 버리는 것이다)” 주석 “雖聞善言 不爲己有 是自棄其德也(비록 좋은 말을 들었더라도 자기의 소유로 삼지 않으면 이는 스스로 그 덕을 버리는 것이다)”에서 보듯이 둘을 구분하지 않기도 한다.

聆: 耳+令(사람이 무릎을 꿇고 신의 뜻을 듣는 모양)으로, '신의 뜻을 듣다.'

聆은 洪萬宗『旬五志』"晝言雀聽 夜言鼠聆(낮말은 참새가 듣고, 밤말은 쥐가 듣는다)"처럼 聽과 근원이 같다. 그런데 다른 점은『漢書』"妣聆呱(어머니가 갓난아이의 울음을 듣다)", 謝靈運「登池上樓」"側耳聆波瀾(귀를 기울이고 물결 소리를 듣는다)", 蘇軾「石鍾山記」"扣而聆之(그것을 두드려 듣다)"처럼 聆은 조용히, 자세히, 공경하는 마음으로 듣는데 들리지 않을까 걱정하면서 듣는 것을 말한다.

07 연못

沼 / 池 / 陂 / 湖 / 淵 / 潭

沼: 氵+김(불러오다)로, 하천의 유역이 변해서 本流에서 물을 불러들인 것처럼 되어서 생긴 형상.

沼와 池는 주로 連用해서 쓰이며, 『韻會』에서는 "圓曰池 曲曰沼(둥근 것은 지라 하고, 굽어진 것은 소라 한다)"로 구분하기도 하였다. 그러나 江總의 시 "曲池(굽은 연못)"라는 표현에서 알 수 있듯이 반드시 이런 구분이 적용되는 것은 아니다. 일반적으로 沼는 『詩經』 "于以采蘩 于沼于沚(이에 새발쑥을 뜯기를 못가에서 하고 물가에서 하도다)", 『一切經音義』 "沼 小池也(소는 작은 연못이다)"처럼 자연적으로 만들어진 작은 연못을 말한다. 하지만 『孟子』 "孟子見梁惠王 王立於沼上(孟子께서 양혜왕을 뵈셨는데, 왕이 못가에 있었다)" 주석 "文王 以民力爲臺爲 沼 而民歡樂之 謂其臺曰靈臺 謂其沼曰靈沼(문왕이 백성의 힘을 이용하여 대를 만들고 소를 만들었으나, 백성들이 그 것을 즐거워하여 그 대를 이르기를 영대라 하고, 그 소를 이르기를 영소라 하였다)"에서 보듯이 인공으로 만든 못에 서도 쓰이고 있다.

 池: 氵＋也(꾸불꾸불한 뱀의 상형)로, '꾸불 꾸불한 모양의 물웅덩이.'

池는 『孟子』 "城非不高也 池非不深也(성 이 높지 않은 것도 아니며, 해자가 깊지 않은 것도 아니 다)", "堯舜旣沒 聖人之道衰 暴君代作 壞宮室以爲汚池 民 無所安息(요순이 이미 별세하시니, 성인의 도가 쇠하여 폭 군이 대대로 나와서 백성들의 궁실을 파괴하여 웅덩이와 못을 만들어서 백성들이 편안히 쉴 곳이 없었다)", 陶淵明 「歸田園居」 "羈鳥戀舊林 池魚思故淵(매인 새는 옛 숲을 그 리워하고, 연못의 물고기는 옛 연못을 그리워한다)", 張蘊 古 「大寶箴」 "丘其糟而池其酒(술지게미를 언덕처럼 쌓아놓고 물로 연못을 만들었다)"처럼 城과 臺를 쌓을 때 대량으로 흙을 가져와야 하는데, 그렇게 해서 만들어진 곳으로 인공으로 만들어진 물이 넓고 깊게 고여 있는 연못을 말한다.

陂: 阝＋皮(물결)로, 물결이 밀어닥치는 둑.

陂는 『禮記』 "毋漉陂池(못의 물을 마르게 하지 말라)"처럼 인공적으로 만들어서 물을 모았기 때문에 池와 늘 連用한다. 둘을 구분하자면 『禮記』 주석 "蓄水曰陂 穿地導水曰池(물을 가두어두는 것을 피라 하고, 땅을 뚫어 물을 이끄는 것을 지라 한다)"처럼 제방을 쌓아 물을 쌓아두는 것을 陂라 하고, 땅을 판 후에 물을 끌어오는 것을 池라 한다.

湖: 氵＋胡(크다)로, '큰 연못.'

湖는 『書經』 주석 "大澤畜水 南方名之曰湖(큰 못에 물을 쌓아두는 것을 남쪽 지방에서는 호라 부른다)"처럼 남쪽 지방의 방언이다. 그러므로 『左傳』, 『論語』, 『墨子』, 『荀子』 등의 책에서는 보이지 않고, 『莊子』, 『楚辭』에는 자주 보인다. 그리고 『說文解字』 "大陂也(큰 연못이다)", 『漢書』 주석 "深水也 (깊은 물이다)", 『水經注』 "五湖謂長塘湖 太湖 射貴湖 上湖 滆湖(오호는 장당호·태호·사귀호·상호·격호를 말한 다)"처럼 육지가 우묵하게 패여 물이 괸 곳으로, 크고 깊은 연못을 말한다.

 淵: 양쪽 기슭이 몰려 닥치고, 그 사이에 깊은 못이 있는 모양의 形象.

淵은 『詩經』 "積水成淵(물이 쌓여 연못을 이루다)", 『孟子』 "故爲淵毆魚者 獺也(그러므로 연못을 위 하여 고기를 몰아주는 것은 수달이다)" 주석에 "淵 深水也 (연은 깊은 물이다)", 『管子』 "水出地而不流 名曰淵(물이 땅에서 나와 흐르지 않는 것을 연이라 한다)", 『孔子家語』 "不臨深淵 何以知沒溺之患(깊은 연못을 내려다보지 않으면 어떻게 빠지는 근심을 알겠는가?)", 陶淵明 「歸田園居」 "池 魚思故淵(연못의 물고기는 옛 연못을 그리워한다)"처럼 자 연적으로 만들어진 깊은 물이다.

 **潭**: 물과 '깊다'는 뜻이 결합된 깊은 물.

潭은 『廣雅』 "潭 淵也(담은 연이다)"처럼 淵과 古音이 서로 비슷하고 의미도 같은데, 先秦 시기에는 아주 조금 보이다가 漢나라 이후 점차 많이 사용되기 시작하였다. 『楚辭』 주석 "楚人名淵曰潭(초나라 사람들은 연을 담이라고 한다)"처럼 黃河 유역에서는 淵이라 부르고, 長江 유역에서는 潭이라 불렀다.

08 말하다
曰 / 謂 / 云 / 說 / 道

曰: 말할 때의 입모양을 본뜸.

曰은 『論語』 "子曰 學而時習之 不亦說乎 (孔子께서 말씀하시길 '배우고 그것을 때때로 익히면 기쁘지 않겠는가' 하셨다)"처럼 曰 뒤에는 인용하는 말이 나온다. 曰과 云은 謂와 달리 『書經』 "一曰水 二曰火 三曰木"처럼 '……이다'의 의미도 있고, 『詩經』 "我東曰歸 我心西悲(내가 동쪽에서 돌아올 때, 내 마음 서쪽을 향해 슬퍼하였다)", "有皇上帝 伊誰云憎(위대하신 상제가, 누구를 미워하시겠는가)"처럼 실제 의미가 없는 어조사로 쓰이기도 한다.

謂: 言＋胃(위 속에 들어간 음식을 본뜬 것)로, '에워 싼 말, 즉 어떤 개념을 확실히 담아서 말하다.'

謂는 『論語』 "子謂子貢曰 女與回也 孰愈(孔子께서 자공에게 말씀하시기를 '너는 顔回와 누가 나으냐?' 하셨다)", "或謂孔子曰 子奚不爲政(어떤 사람이 공자에게 이르기를 '선생께서는 어찌하여 정치를 하지 않으십니까?')"처럼 특정한 대상이 있어서 그 특정한 대상에게만 말을 해줄 경우에 쓰이며, '謂 …… 曰'의 형식을 취한다. 그리고 이 외에 謂는 『論語』 "子謂子産 有君子之道四焉(孔子께서 자산을 두고 평하시길 '군자의 도가 네 가지 있다')", "子夏曰 賢賢易色 事父母 能竭其力 事君 能致其身 與朋友交 言而有信 雖曰未學 吾必謂之學矣(자하가 말하길 '어진이를 어질게 여기되 색을 좋아하는 마음과 바꿔하며, 부모를 섬기되 그 힘을 다할 수 있으며, 임금을 섬기되 그 몸을 바칠 수 있으며, 붕우와 더불어 사귀되 말함에 성실함이 있으면 비록 배우지 않았다고 말하더라도 나는 반드시 그를 배웠다고 이르겠다')"처럼 謂에는 인물에 대한 評論의 의미, 어떤 대상에 대한 개념을 제시하는 句文에도 쓰인다.

云: 구름이 뭉게뭉게 피어오르는 모양을 본뜬 것으로, 原字는 雲이며 假借하여 '이르다'의 뜻이 생겼다.

云은『論語』"牢曰 子云 吾不試 故藝(뇌가 말하길 '선생께서 말씀하시기를 내가 세상에 등용되지 못했기 때문에 여러 가지 재주를 익혔다고 하셨다')", "子曰 女奚不曰 其爲人也發憤忘食 樂以忘憂 不知老之將至云爾(孔子께서 말씀하시길 '너는 어찌 그의 사람됨이 분발하면 먹는 것도 잊고, 이치를 깨달으면 즐거워 근심을 잊어 늙음이 장차 닥쳐오는 줄도 모른다고 말하지 않았는가?')", 安錫儆「劍女」"明曉 其女男裝 而果辭去 漠然不知其所向云(다음날 새벽 그녀는 남장을 하고 과연 고별하고 떠나니, 막연하여 그 향하는 곳을 알지 못했다 한다)"처럼 타인의 말을 간접적으로 전달할 때 주로 쓰인다.

 說: 言+兌(八은 분산함, 兄은 기도로, 기도함으로써 맺힌 기분이 분산되어 기뻐함)로, '맺힌 것이 말로 하나하나 풀리다'에서 '밝히어 말하거나 해석함, 또는 진술하다'의

뜻이 생겼다.

說은 『論語』 "棘子成曰 君子質而已矣 何以文爲 子貢曰 惜乎 夫子之說君子也 駟不及舌(극자성이 말하길 '군자는 質뿐이니, 文을 어디에 쓰겠는가?'라 하니, 자공이 말하길 '애석하다! 극자성이 군자에 대한 해석이. 사마도 혓바닥을 따라잡지는 못하는 것이다')", 『孟子』 "說詩者不以文害辭 不以辭害志 以意逆志 是爲得之(詩를 설명하는 자는 글자로써 말을 해치지 말며, 말로써 본래의 뜻을 해치지 말고, 보는 자의 뜻으로써 작자의 뜻에 맞추어야만 시를 알 수 있는 것이다)", 『孟子』 "博學而詳說之(널리 배워서 그것을 자세히 밝혀서 말하다)", 『史記』 "學百家之說(백가의 의견을 배우다)"처럼 단순히 언어를 전달하는 것이 아니라 타인의 陳述과 解說의 의미를 전달하거나, 다른 사람이 자기의 학설이나 주장을 받아들이게 하기 위해 진술하는 데 쓰인다.

 道: 辶(길을 본뜬 것)+首(머리의 상형)로, '이민족의 목을 묻어 정화된 길'의 뜻에서 '길'이 생겼으며, 파생하여 '말하다'의 뜻도 생겼다.

道는『孟子』"仲尼之徒 無道桓文之事者(중니의 문도 중에 齊桓公과 晉文公의 일을 말한 자가 없습니다)", "陳相見 孟子 道許行之言(진상이 孟子를 보고서 허행의 말을 전하다)",『大學』"如切如磋者 道學也(끊는 것 같고 가는 것 같은 것은 배움에 대해 말한 것이다)", "報道"처럼 다른 사람의 이야기나 事迹 등을 引用하거나 稱述할 때 쓰인다.

09 나무

樹 / 木

 **樹**: 木＋尌(손으로 악기를 세우는 모양)로, '손으로 나무를 세워서 심다'에서 '나무, 심다, 세우다'의 뜻이 생겼다.

樹는 『孟子』 "五畝之宅 樹之以桑(5묘의 집에 뽕나무를 심다)"처럼 본래 나무를 심거나 농작물을 재배하는 데 쓰였다. 그런데 『孔子家語』 "夫樹欲靜而風不停 子欲養而親不待(대저 나무가 고요하려고 해도 바람이 멈추지 않고, 자식이 봉양하려고 해도 부모님이 기다려주지 않으신다)", 『史記』 "斫大樹 白而書之(큰 나무를 잘라서 흰 것으로 그곳에 썼다)"처럼 나무의 의미도 있었으며, 唐宋 이후 杜甫의 「羌村」 "驅鷄上樹木(닭을 몰아 나무로 올라가

게 하다)"처럼 서 있는 살아 있는 나무의 의미로 사용되었다. 하지만 白居易「養竹記」"竹似賢 何哉 竹本固 固以樹德(대나무는 현자와 비슷하니, 어째서인가? 대나무 뿌리는 견고하니, 견고함으로써 덕을 심는다)", 成大中『靑城雜記』"樹德而勿樹黨(덕은 세우고 당은 세우지 말라)"처럼 이후로도 본래의 의미를 계속 지니고 있으며, 현재는 "樹齡, 樹液, 街路樹, 針葉樹"처럼 주로 서 있는 살아 있는 나무의 의미로만 쓰인다.

 木: 나무의 줄기를 중심으로 해서 옆으로 뻗은 가지와 밑으로 퍼진 뿌리를 象形.

木은 姜呂尙『六韜』"根深而木長 木長而實生之 情也(뿌리가 깊어야 나무가 자라며, 나무가 자라야 열매를 맺는 것이 이치입니다)",『莊子』"莊子行于山中 見大木 枝葉盛茂(莊子가 산 속을 가다가 큰 나무를 보았는데, 가지와 잎이 무성하였다)",『荀子』"林木茂而斧斤至焉(숲의 나무가 무성하니 도끼가 그곳에 이른다)"처럼 본래 살아 있는 나무로 쓰였다. 그러나『論語』"朽木不可雕也(썩은 나무는 조각할 수 없다)",『莊子』

"我善治木(나는 나무를 잘 다룬다)", 柳麟錫『毅菴集』"人求之 若求木之爲誠 人察之 若察木之爲密 其人不直者 未之有也(사람을 구함에 곧은 나무를 구하는 것처럼 정성을 다하고, 사람을 살핌에 곧은 나무를 살피는 것처럼 치밀하게 하면 고른 사람이 곧지 않는 경우는 아직 있지 않았다)"처럼 春秋戰國時代 이후로 木材로 의미가 파생되었고, 현대는 "木馬, 木版, 木鷄"처럼 대부분 벤 나무인 木材나 나무를 재료로 제작한 것의 의미로 쓰인다.

10 친구

朋 / 友

朋: 몇 개의 조개를 실로 꿰어서 두 줄로 넣어 놓은 모양에서, '패거리'의 뜻이 생겼다.

고대에는 『周禮』鄭玄 註釋 "同師曰朋 同志曰友(선생님이 같으면 붕이라 하고, 뜻이 같으면 우라 한다)", 『周易』疏 "同門曰朋(동문을 붕이라 한다)"에 의거해 朋友를 구별하였지만, 『論語』 "子游曰 吾友張也 爲難能也 然而未仁(자유가 말하길 '나의 벗 자장은 어려운 일을 잘하나, 인하지는 못하다'라 말했다)"에서 보듯이 자장과 자유는 孔子의 제자이므로 朋이라 써야 하지만 友라 써서 구분하지 않았다. 朋은 『論語』 "有朋自遠方來 不亦樂乎(어떤 친구가 먼 지방으로부터 찾아온다면 즐겁지 않겠는가:

주석에는 '朋 同類也'라 하였다)", 『산해경』 "有鳥焉 群居
而朋飛(그곳에 새가 있는데 무리지어 살면서 떼 지어 난
다)", 『明心寶鑑』 "酒食兄弟千個有 急難之朋一個無(술 먹
고 밥 먹는 형제는 천 명이나 있으나, 위급하고 어려울 때
의 친구는 한 명도 없구나)", "朋黨"처럼 동문수학하는 사
람이나, 同類가 하나의 목적을 위해 무리지어 결합된 것을
말한다.

 友: 오른손 두 개를 겹쳐놓아 손에 손을
잡고 있는 모양.

友는 『說文解字』 "同志爲友(뜻이 같으면
우라 한다)", 『孟子』 "鄕田同井 出入相友 守
望相助(향전에 정을 함께한 자들이 나가고 들어올 때에 서
로 짝하며, 지키고 망볼 때에 서로 돕는다: 주석에 '友 猶
伴也'라 하였다)", 『童蒙先習』 "取友必端人 擇友必勝己(벗
을 취할 때는 반드시 바른 사람으로 하며, 벗을 가릴 때는
반드시 자기보다 나아야 한다)", "忘年之友(나이를 잊은
벗)"처럼 둘 또는 소수의 사람이 서로 도와 친하며 뜻이
같은 것을 말한다. '友邦, 友軍'처럼 서로 도와 이익이 되는

관계, '友誼, 友善'처럼 友好親善 관계, '詩友, 酒友'처럼 同志的인 관계인 경우 朋으로 대체할 수 없다.

그런데 박지원 『熱河日記』 "古之言朋友者 或稱第二吾 或稱周旋人 是故造字者 羽借爲朋 手又爲友 言若鳥之兩翼 而人之有兩手也(옛날 벗을 말하는 자는 벗을 두고 혹 '두 번째의 나'라 하기도 하고, '일이 잘 되도록 주선하는 사람'이라고도 하였다. 이런 까닭에 글자를 만든 자가 '羽'자에서 빌려와 '朋'자를 만들고, '手'자와 '又'자로 '友'자를 만들었으니, 새에게 두 날개가 있고 사람이 양손이 있는 것과 같음을 말한 것이다)"처럼 朋友를 풀이하기도 한다.

11 도끼

斤 / 斧 / 鉞 / 鈇

斤: 구부러진 자루 끝에 날을 단 자귀 모양을 본뜸.

斤은 『正字通』 "以鐵爲之 曲木爲柄(쇠로 그것을 만들고 굽은 나무로 자루를 만든다)", 『孟子』 "斧斤 以時入山林 材木 不可勝用也(도끼를 제때에 따라 산림에 들어가게 하면 재목을 이루 다 쓸 수 없을 것입니다)", 『左傳』 "皆執利兵 無者執斤(모두 날카로운 무기를 지녔으나, 없는 자는 도끼를 잡았다)", 『白虎通』 "農夫佩其耒耜 工匠佩其斧斤 婦人佩其鍼縷(농부는 쟁기와 보습을 지니고, 장인은 도끼를 지니고, 부인은 바늘과 침을 지닌다)"처럼 나무를 자르는 도구로 쓰이지 무기로는 쓰이지 않는다. 斧와 斤의 차이는 둘 다 도끼이지만 斤보다 斧가 크다.

斧: 斤(구부러진 자루 끝에 날을 단 자귀 모양)＋父(망치, 도끼 등을 손에 든 모양).

斧은 『孟子』 "牛山之木 嘗美矣 以其郊於 大國也 斧斤伐之 可以爲美乎(우산의 나무가 일찍이 아름다웠었는데, 대국의 교외이기 때문에 도끼로 매일 나무를 베어가니, 아름답게 될 수 있 겠는가)", 『한비자』 "請伏斧鑕之罪(도끼와 쇠모탕에 엎드 릴 죄를 청합니다)", 『明心寶鑑』 "口舌者 禍患之門 滅身之 斧也(입과 혀는 재앙과 근심의 문이요, 몸을 죽게 하는 도 끼이다)", 『법구경』 "夫士之生 斧在口中 所以斬身 由其惡 言(대저 사람이 태어날 때 도끼가 입속에 있어, 몸을 베는 도구가 되니, 나쁜 말에 말미암기 때문이다)"처럼 나무를 베는 도구이기도 하지만, 무기나 형벌에 주로 쓰이며, 鉞 보다 크기가 작다.

鉞: 金＋戉(큰 도끼 모양).

鉞은『書經』"王左杖黃鉞(왕은 왼쪽에 황월을 짚고 있었다)"처럼 옛날 장군이 출정할 때 그의 위신을 세워 주기 위하여 天子가 하사하던 도끼였는데, 그 도끼로 군법에 위배되는 자에게는 형벌을 가할 수 있었기 때문에 형벌의 도구로 쓰이게 되었다. 斧鉞은『전국책』"要不足以待斧鉞(허리는 도끼를 기다릴 수 없습니다)"처럼 武器로 사용되었다가 戈와 矛가 성행한 이후로는 점차 무기보다는 刑罰의 도구로 사용되었다. 鉞은『書經』"執鉞 立于西堂(도끼를 잡고 서당에 서 있다)" 주석 "鉞 大斧(월은 큰 도끼이다)",『左傳』주석 "鉞大而斧小(월은 크고 부는 작다)"처럼 斧의 일종으로 斧보다 크다.

鈇: 金＋夫(斧로 도끼).

鈇는 『中庸』 "不怒而民威于鈇鉞(노하지 않아도 백성들은 도끼에 두려워하는 것이다)",『禮記』"諸侯賜弓矢然後征 賜鈇鉞然後

殺(제후는 활과 화살을 준 뒤에 정벌하고, 도끼를 준 뒤에 죽인다)"처럼 鉞과 마찬가지로 형벌의 도구로 쓰이나, 크기가 鉞보다 작다.

12 낮

日 / 晝

日: 둥근 해의 모양을 본뜬 글자.

日은 『孟子』 "天無二日(하늘에는 두 개의 해가 없다)", 『莊子』 "日方中方睨 物方生方 死(해는 바야흐로 중천에 떠오르자 바야흐로 기울고, 생물은 바야흐로 태어나자 바야흐로 죽어가고 있다)", 『推句』 "日月千年鏡 江山萬古屛(해와 달은 천년의 거울이요, 강과 산은 만고의 병풍이로다)"처럼 기본적으로 태양을 가리킨다. 그런데 『大學』 "苟日新 日日新 又日新(진실로 어느 날에 새로워졌거든 나날이 새롭게 하고 또 날로 새롭게 하라)", 『격몽요결』 "古人詩曰 古人一日養 不以三公換 所謂 愛日者如此(옛 사람의 시에 이르기를 '옛날 사람은 하루의 봉양을 삼공과도 바꾸지 않는다'라고 하였으니, 이른바 날 짜를 아낀다는 것이 이와 같다"처럼 주로 태양의 출몰은 시간의 가장 기본 단위가 되기 때문에 日은 늘 시간 발생 과 관련을 지닌다. 또한 『孟子』 "夜以繼日(밤으로써 낮을 잇다)", "日夕(낮과 밤)"처럼 '夕, 夜'의 상대적인 개념으로 쓰이기도 한다.

晝: 日(날 일)+畵(붓을 손에 들고 교차하 는 선을 그리는 모양)의 생략형으로, '낮의 반을 쪼개는 경계인 중천에 해가 높이 떠서 매우 밝은 상태임'을 나타내는 것에서, '낮' 의 뜻이 생겼다.

晝는 『爾雅』에 "晝明也(주는 밝음이다)", 『詩經』 "晝爾于 茅 宵爾索綯(낮이면 가서 띠풀을 베어 오고 밤이면 새끼 꼬다)"처럼 시간관념으로 쓰이기보다는 光度觀念으로 쓰였 다. 그리고 때로는 『論語』 "子在川上曰 逝者如斯夫 不舍晝 夜(공자께서 시냇가에 계시면서 말하길 '가는 것이 이 물 과 같구나. 밤낮을 그치지 않는도다'라 하였다)", 『旬五志』 "晝言雀聽 夜言鼠聆(낮말은 참새가 듣고, 밤말은 쥐가 듣는다)", 『後漢書』 "晝長則夜短 日南則景北(낮이 길면 밤은 짧고, 해가 남쪽으로 가면 그림자는 북쪽으로 간다)", "晝耕夜讀, 晝耕夜誦"처럼 시간의 長短보다는 밝기의 長短으로 쓰여 夜와 상대개념으로 쓰였다.

13 밤

宵 / 夜

宵: 宀＋小＋月로, '겨우 조금 달빛이 창문에 들이비치다.'

宵는 『詩經』 "晝爾于茅 宵爾索綯(낮이면 가서 띠풀을 베어 오고 밤이면 새끼 꼬다)", 李世民 「命皇太子監國詔」 "宵衣旰食(날이 새기 전에 일어나 옷을 입고 해가 진 후에 늦게 저녁을 먹는다)"처럼 시간관념으로 쓰이기보다는 光度觀念으로 쓰였다. 그리고 宵는 "良宵, 永宵, 淸宵", 蘇軾의 「春宵」 "春宵一刻値千金(봄밤 일각은 값이 천금이다)"처럼 밤의 성질이나 특징을 표시하기도 한다.

夜: 亦(사람 모양)+夕(달이 반쯤 보이는 모양)으로, '겨드랑이 밑에 뜬 달'로, '밤'이라는 뜻이 생겼다.

夜는 시간관념과 光度觀念으로 동시에 쓰였다. 광도개념일 경우에는 『左傳』 "夫鼠晝伏而夜動(저 쥐는 낮에는 엎드려 있다가 밤이면 움직인다)", "夜光珠"처럼 '晝'와 상대어로 쓰이고, 시간관념일 경우 『左傳』 "(申包胥)立依于庭墻而哭 日夜不絶聲(신포서가 뜰 담장에 서서 기대어 우는데, 밤낮으로 소리가 끊어지지 않았다)", 『左傳』 "辛卯夜 恒星不見(신묘일 밤, 항성이 보이지 않았다)" 疏 "夜者 自昏至旦之總名(야는 어두울 때부터 아침에 이르기까지의 총체적 명칭이다)", 『詩經』 "夙興夜寐(일찍 일어났다가 밤에 잔다)", "夜半, 夜中, 日夜"처럼 '日'과 상대어로 쓰인다.

14 옛날
古 / 故

古: 단단한 투구의 상형으로, '오래 되고 딱딱해지다'에서 '오래되다, 옛'의 뜻이 생겼다.

古는 『儀禮』 "太古冠布(태고의 관포)" 注 "太古 唐虞以上(태고는 요순이전이다)", 『論語』 "子曰 述而不作 信而好古 竊比於我老彭(孔子께서 말하길 '傳述하기만 하고 創作하지 않으며, 옛것을 믿고 좋아함을 내 저으기 우리 노팽에게 견주노라' 하였다)", "古之學者爲己 今之學者爲人(옛날에 배우는 자들은 자신을 위한 學問을 하였는데, 지금에 배우는 자들은 남을 위한 學問을 한다)", 『推句』 "人心朝夕變 山色古今同(사람의 마음은 아침저녁으로 변하고, 산의 색깔은 예나 지금이나 같도다)",

"古宮, 古代, 古墳, 古蹟"처럼 아주 먼 과거의 시간으로, '今'과 상대어로 쓰인다.

 故: 古(오래되고 단단한 투구의 상형)+攵(손에 도구를 잡고 있는 모양)으로, '오래되어 변하는 것을 두드려 변화를 재촉하다'에서 '변화를 낳는 것=이유, 일, 옛, 죽다'의 뜻이 파생되었다.

故는 『論語』"溫故而知新 可以爲師矣(옛 것을 잊지 않고, 새 것을 알면, 스승이 될 수 있다)", "故舊無大故 則不棄也(옛 친구가 큰 연고가 없으면 버리지 않는다)", 李白의 「靜夜思」"擧頭望明月 低頭思故鄕(머리 들어 밝은 달을 바라보고, 머리 숙여 고향을 생각한다)"처럼 과거나 從前의 시간 즉 현재가 아닌 이전의 멀지 않은 시간으로 '新'이 상대어로 쓰이나 '今'도 또한 상대어로 사용된다. 그러므로 '古都'는 역사가 悠久한 도성이고, '故都'는 종전의 도성이며, '古人'은 『弘齋全書』"古人遇事見理 必透得二三重 今人不惟不透得半重 事到眉頭 茫不知如何措置 此政坐不讀書耳(옛사람은 일을 만나서 사리를 파악할 때에 반드시 두 겹,

세 겹을 꿰뚫어 보았었다. 그런데 지금 사람은 반 겹도 꿰뚫지 못할 뿐만 아니라 일이 닥치면 망연자실하여 어떻게 조처해야 할지 모르니, 이것은 다만 글을 읽지 않아서 그런 것일 뿐이다)"처럼 역사상 인물이고 '故人'은 『莊子』 "夫子出於山 舍於故人之家(莊子가 산에서 나와 옛 친구의 집에서 머물렀다)"처럼 종전에 알고 지내던 사람이다.

15 해가 뜬 후부터 아침밥 이전까지의 시간

夙 / 晨 / 旦 / 早 / 朝 / 曙 / 曉

 **夙:** 왼쪽에서부터 달과 손과 사물의 상형이다. 달이 떠 있을 때 손으로 사물을 잡아 일을 시작하다.

夙은 『漢書』 "夙興以求 夜寐以思(아침 일찍 일어나서 구하고, 밤늦게 자면서 생각한다)", "夙夜夢寐(이른 아침부터 밤늦게까지 자나 깨나)"처럼 달이 아직 지지 않은 새벽 시기이므로 夙은 夜의 범주에 들어가며 夜와 결합되어 사용되는 경우가 많다. 옛 사람들은 하루를 구분 짓는 경계가 한밤중이 아니라 해가 뜰 때부터 시작의 경계

가 되기 때문에 『宋史』 "以平夙怨(종전에 쌓인 원한을 평정하다)"처럼 夙은 '지난날, 종전, 평생'의 의미도 지닌다.

晨: 日+辰(=脣: 빨간 입술)로, 아침 놀 속의 해가 뜨려고 할 무렵의 새벽.

晨은 『國語』注 "早朝也(이른 아침이다)", 『禮記』 "冬溫而夏淸 昏定而晨省(겨울에는 따듯하게 해드리고 여름에는 시원하게 해드리며, 저녁에는 잠자리를 정해드리고 새벽에는 살펴드린다)", 『明心寶鑑』 "再三防夜醉 第一戒晨嗔(거듭 밤에 취하는 것을 막으며, 제일 경계해야 할 것은 새벽에 화내는 것이다)", "晨入夜歸(새벽에 출사하고 밤늦게 귀가하다)", "晨星落落(새벽에 별이 드문드문 보이는 것과 같이 친구가 차차 적어짐)"처럼 태양이 지평선으로부터 나왔을 때인 새벽을 뜻하여, 해가 떴을 때부터 아침밥을 먹기 전까지의 시간을 의미하며, 상대어는 昏이다.

旦: 日＋一(지평선)로, 지평선 위로 해가 나타나며 밝아져 가는 이른 아침.

旦은 『孟子』 "幸而得之 坐以待旦(다행히 터득하시면 그대로 앉아 날이 새기를 기다리셨다)", 『左傳』 "旦而戰 見星未已(해가 떠서 싸웠는데, 별을 보고도 아직 끝나지 않았다)", 「飯牛歌」 "長夜漫漫何時旦(길고 긴 밤 어느 때 아침이 되려는가?)", 『莊子』 "孔子曰 凡人心險於山川 難於知天 天猶有春夏秋冬旦暮之期 人者厚貌深情(공자가 말하기를 '무릇 사람의 마음은 산천보다 위험하며, 하늘을 아는 것보다 어렵다. 하늘은 오히려 봄・여름・가을・겨울・아침・저녁의 기약이 있으나, 인간은 용모를 두터이 하고 마음을 깊이 감추어 둔다' 하였다)"처럼 해가 지평선 위로 나와서 아직 지평선에 남아 있는 형상이므로 낮의 시작을 의미하는 시간으로 쓰이며, 상대어는 夕이다. 옛 사람들은 해가 뜰 때부터 정식으로 하루가 시작되므로, '旦日'은 『左傳』 "旦日客從外來 與坐談(다음날 객이 외부로부터 와서 함께 앉아 이야기하였다)"처럼 관습적으로 '明日'과 같은 의미로 쓰인다.

旱: 日＋甲(사람의 머리를 본뜬 것으로 十의 형태로 생략되었다)으로, '사람의 머리 위에 태양이 뜨기 시작하는 이른 아침, 새벽.'

旱는 『儲光羲』 "莫知晚與旱(저묾과 새벽을 알지 못하다)", 『채근담』 "伏久者 飛必高 開先者 謝獨旱(오래 엎드렸던 새는 반드시 높이 날고, 먼저 핀 꽃은 홀로 일찍 시든다)", 高明『琵琶記』 "善惡到頭 終有報 只爭來旱與來晚(선과 악은 끝에 이르러 마침내 應報가 있으니, 다만 일찍 오고 늦게 오는 차이를 다툴 뿐이다)"처럼 태양이 지평선에서 벗어나 솟아오른 시간을 뜻하며, 시간적으로는 '晨'에 해당한다. 그런데 晨은 태양의 位置面에서 말한 것이고, 旱는 태양의 照度面에서 해가 막 비추기 시작한 점에서 약간 차이가 있으나 서로 비슷하기 때문에 蚤(旱와 통용)를 사용해서 구별하였다.

朝: 왼쪽의 글자는 '태양이 바다 위로 빛을 발하며 떠오르는 모양'이고, 오른쪽 月은 '바닷물이 출렁이는 모양'으로, 출렁이는 바닷물 위로 떠오르는 태양.

朝는 早의 뒤에 생긴 것으로, 『栗谷全書』 "今日所爲 明日難改 朝悔其行 暮已復然(오늘 한 잘못을 내일 고치기 어렵고, 아침에 그 행동을 뉘우쳤는데 저녁이면 또다시 저지르는구나)"처럼 暮와 상대어이고, 晨과 동시간대이며, 『論語』 "朝聞道 夕死可矣(아침에 도를 들으면 저녁에 죽어도 괜찮다)", 『明心寶鑑』 "觀朝夕之早晏 可以卜人家之興替(아침저녁이 이르고 늦음을 보면, 그 사람 집의 흥하고 망함을 점칠 수 있다)"처럼 夕과 연용해서 많이 쓰인다. 그런데 『孟子』 "一朝而獲十(하루아침에 열 마리의 짐승을 잡았습니다)" 주석 "一朝 自晨至食時也(일조는 새벽부터 아침밥을 먹을 때까지이다)", 『詩經』 "崇朝其雨" 傳 "崇 終也 從旦至食時爲終朝(숭은 마치다이다. 해가 뜰 때부터 밥 먹을 때까지가 종조이다)", 『禮記』 주석 "朝 日出時也(조는 해가 나왔을 때이다)"라 구분하고 있다.

曙: 日＋署(붉다)로, 햇볕이 붉게 빛나기 시작하다.

曙는 『玉篇』 "東方明也(동방이 밝아오는 것이다)", 『楚辭』 "魂祭祭而至曙(혼은 근심

하여 새벽에 이르렀다)", "曙光(동틀 때 비추는 빛)"처럼 해가 떠서 빛이 나기 시작한다는 의미로 쓰였다.

曉: 日+堯(높다)로, 해가 높이 뜰 무렵.

曉는 『玉篇』 "曙也"라 하여 曙의 방언인 듯하며, 『晉書』 "向曉辭去(새벽에 인사하고 떠나다)", 李恒福 「夜坐」 "終宵默坐算歸程 曉月窺人入戶明(밤새도록 묵묵히 앉아 돌아갈 길 헤아리는데, 새벽달이 사람 엿보며 문에 들어 밝구나)", "曉鷄(새벽을 알리는 닭울음소리), 曉氣(새벽 기운)"처럼 맑은 새벽의 의미로도 쓰인다.

16 드물다

稀 / 罕

 稀: 禾+希(헝겊의 발이 드물다)로, 드문드
문 심은 볏모의 모양.

稀는 『文選』 "月明星稀(달은 밝고 별은 드
물다)", 杜甫 「曲江」 "人生七十古來稀(사람
이 70까지 살기는 예부터 드물다)", 『論語』 "點爾何如 鼓
瑟希('점아, 너는 어떻게 하겠느냐?' 하시자, 그는 비파 타
기를 드문드문 하였다)" 주석 "希(＝稀) 間歇也(희는 간헐
이다)"처럼 사물 간의 거리가 멀거나 서로의 간격이 큰 경
우에 쓰이는 것으로, 상대어는 密이다. 稀는 『論語』 "伯夷
叔齊 不念舊惡 怨是用希(백이와 숙제는 남이 옛날에 저지
른 잘못을 생각하지 않았다. 이 때문에 원망하는 사람이

드물었다)", "稀薄, 稀少"처럼 주로 서술어로 쓰인다.

 罕: 网(그물)＋干(장대)로, 긴 자루가 달린 그물 모양에서 '그물, 드물다'의 뜻이 생겨났다.

罕은 『論語』 "子罕言利與命與仁(孔子는 이와 명과 인을 드물게 말씀하셨다)" 주석 "罕 少也(한은 적은 것이다)", 『史記』 "封禪之符罕用(봉선의 부절을 드물게 썼다)"처럼 적거나 드물게 출현할 때 쓰인다. 罕은 "罕見, 罕聞"처럼 주로 부사로 쓰인다.

17 비다

空 / 虛

空: 穴(동굴의 상형)+工(끌 따위의 공구)으로, '끌 따위로 파낸 구멍'에서 '비다, 헛되다'의 뜻이 생겼다.

空은 蘇軾「薄薄酒」"醜妻惡妾勝空房(못생긴 아내와 악한 첩일망정 텅 빈 방보다 낫다네)", 白居易「養竹記」"竹心空 空以體道(대나무 속은 비었으니 빔으로써 도를 體得한다)", 『佛經』"空手來空手去(빈손으로 왔다가 빈손으로 가다)", "空谷足音(텅 빈 골짜기의 발소리. 자기와 같은 의견을 들었을 때의 기쁨을 비유)", "空腹, 空冊"처럼 비어 있거나 無所有를 뜻한다. 空의 상대어는 『後漢書』"坐上客恒滿 樽中酒不空(자리 위에 손님이

항상 차 있고, 술통 속에 술이 늘 비지 않았으면)"처럼 盈
이나 滿이다.

 虛: 虍(호랑이의 상형)＋丘(언덕의 상형)로,
'위험하고 큰 언덕'에서 너무 큰 것은 공허
한 것처럼 보이므로, '공허하다, 비다'의 뜻
이 파생되었다.

虛는 『十八史略』 "良賈深藏若虛(좋은 장사꾼은 좋은 물
건을 깊이 감추어두고 비어 있는 듯한다)", "虛名＝空名"처
럼 空과 같은 의미로 쓰인다. 虛의 상대어는 『論語』 "有若
無 實若虛(있어도 없는 것처럼 하며, 가득해도 빈 것처럼
한다)", 『說苑』 "君子之言 寡而實 小人之言 多而虛(군자의
말은 적으나 꽉 차 있고, 소인의 말은 많으나 비어 있다)"
처럼 實이나, 『論語』 "亡而爲有 虛而爲盈(없으면서 있는
체하며, 비었으면서 가득한 체하다)"처럼 盈으로도 쓰인다.
이처럼 空은 『後漢書』 "座上客常滿 尊中酒不空(자리 위
에 손님은 항상 가득하고 술통에 술은 비지 않다)", 『明心
寶鑑』 "莫喫空心茶(빈속에 차를 마시지 말라)"처럼 내용이
없는 것을 표현할 경우에 쓰이고, 虛는 『한비자』 "存亡在

虛實 不在衆寡(존망은 허실에 달려 있지 중과에 달려 있는 것이 아니다)", 『松窩雜說』 "無實之言 謂之虛言(실속이 없는 말을 헛된 말이라고 한다)"처럼 不實하거나 진실 되지 못함을 표현할 경우에 쓰인다. 또한 空은 懶翁禪師 「如水如風」 "靑山兮要我以無語 蒼空兮要以無垢(청산은 나를 보고 말 없이 살라 하고, 창공은 나를 보고 티 없이 살라 하네)", "空中, 航空"처럼 하늘을 뜻하는데, 虛는 『詩經』 "升彼虛矣(저 터에 오르네)"처럼 한 번 번성한 뒤에 버려진 폐허(=墟)의 뜻으로 쓰이기도 한다.

18 해

歲 / 年 / 祀 / 載

 **歲**: 步(걷다)＋戌(도끼)로, 戌은 '큰 도끼로 희생을 찢어서 해마다 제사 드리는 의식의 모양'에서 '결실'을 뜻해 '해'의 뜻이 되었고, 步는 '1년의 끝에서 다음 한 해로 한 걸음 옮겨 걷다'라는 뜻에서 덧붙여진 의미이다.

歲는 『爾雅』 주석 "歲取星行一次(세는 별이 한차례 운행한 것에서 취한 것이다)", 『左傳』 "越得歲而吳伐之(월나라가 목성을 얻었으나 오나라가 그것을 쳤다)"처럼 원래 전쟁의 신으로 간주되는 木星을 가리키는 것이었다. 그런데 『전국책』 "居歲餘 周烈王朋(1년여 있다가 주나라 열왕이 붕어했다)", 『史記』 "孔子居陳三歲(공자가 진에 있은 지 3년

이다)"처럼 목성이 태양 주위를 도는 데 대략 12년이 소요되어 이런 일종의 天文曆에서 시간 단위가 되어 4계절의 한 차례 순환을 의미하는 1년의 뜻이 되었다. 그런데 『論語』 "歲寒然後 知松柏之後彫也(해가 추워진 뒤에야 소나무와 잣나무가 뒤늦게 시든다는 것을 알 수 있는 것이다)", 『雜纂新續』 "元旦早晨賀歲(1월 1일 아침 일찍 새해를 축하하다)", "歲暮, 歲拜"처럼 1년의 끝에서 다음 한 해로 넘어가는 시점인 새해에 주로 쓰인다.

 **年**: 禾(벼의 상형)＋人(성숙한 사람)으로, '성숙한 곡식'에서 곡식이 익는 것은 1년에 한 번이므로 '해, 나이'의 뜻이 생겼다.

年은 『說文解字』 "本作秊 穀熟也(본래 년이며, 곡식이 익는 것이다)", 『爾雅』 주석 "年取禾一熟(년은 벼가 한 번 익는 것을 취한 것이다)" 疏 "年者 禾熟之名 每歲一熟 故以爲歲名(년은 벼가 익는 명칭이다. 매해 한 번 익기 때문에 해의 명칭이 되었다)", 『孔子家語』 "一生之計在於幼 一年之計在於春 一日之計在於寅(일생의 계획은 어릴 때 있고, 1년의 계획은 봄에 있으며, 하루의 계획은

새벽에 있다)", 『곡량전』 "五穀皆熟爲有年矣(오곡이 모두
익는 것을 풍년이라 한다)", 『左傳』 "大有年(크게 풍년이
들었다)", "豊年, 年事(농사의 형편)"처럼 곡식이 익는 것에
서 1년에 한 번 곡식이 익으므로 그 시간을 年이라 불렀
다.

 **祀**: 示(祭壇을 본뜬 것)+巳(신으로서의 뱀
을 본뜬 것)로, '신을 제사지내다.'

祀는 『爾雅』 주석 "祀取四時一終(사는 사
철에 한 번 끝나는 것을 취한 것이다)", 『孟
子』 "雖有惡人 齊戒沐浴 則可以祀上帝(비록 나쁜 사람이라
도 재계하고 목욕하면 상제를 제사지낼 수 있을 것이다)"
처럼 사계절이 한 번 지나가는 것이나, 제사를 가리키는
것이었다. 그런데 제사는 『書經』 "惟元祀 十有二月(오직
원년 12월)" 傳 "取四時祭祀一訖也(사철에 제사가 한 번
끝나는 것을 취한 것이다)"처럼 1년에 1번 이루어지기 때
문에 '年, 歲와 동의어로 쓰이게 되었다.

 **載**: 수레 위에 화물을 싣고 또 이 화물을 지키기 위해 창을 높이 꽂은 모양에서 '싣다, 해'의 뜻이 생겼다.

載는 『爾雅』 주석 "載取物終更始(재는 사물이 끝났다가 다시 시작하는 것에서 취한 것이다)", 『明心寶鑑』 "小船難堪重載(작은 배는 무거운 짐을 견디기 어렵다)"처럼 순환이나, 물건을 싣는 것이었다. 뒤에 『明心寶鑑』 "苟貪妬損 終無十載安康(구차하게 탐하고 시샘하여 손해를 끼치면 끝내 10년의 편안함이 없을 것이다)", 袁宏「三國名臣序撰」 "千載一遇(천 년에 한 번 만나다)", 蔡邕「獨斷」 "載 歲也 言一歲之中莫不覆載也(재는 세이다. 1년 중에 하늘은 만물을 덮고 땅은 만물을 싣지 않는 것이 없다)"처럼 순환하여 시작하였다가 한 번의 주기가 생긴 것을 載라 했다.

『爾雅』에서 "夏曰歲 殷曰祀 周曰年 唐虞曰載(하나라는 세, 은나라는 사, 주나라는 년, 당우시대에는 재라 했다)"라 年紀를 칭했으나, 갑골문에 '年'자가 여러 차례 나오는 것으로 보아 시기적으로 구분 지을 수는 없다. 그리고 고대에는 농업 위주였기 때문에 『老子』 "大軍之後 必有凶年(대군을 일으킨 뒤에는 반드시 흉년이 든다)", 劉廷之「代

悲白頭翁」 "年年歲歲花相似 歲歲年年人不同(해마다 해마다 꽃은 서로 비슷하나, 해마다 해마다 사람은 똑같지 않구나)"처럼 載와 祀보다는 年과 歲의 사용 빈도가 많다. 또한 年과 歲는 사회적 연대뿐만 아니라 개인적 연대 즉 나이에도 쓰이는데, 『史記』 "年十三歲 莊襄王死 政代爲秦王(나이 13세에 장양왕이 죽자, 정이 대신하여 진나라 왕이 되었다)"처럼 年은 숫자의 앞에 놓이고 歲는 숫자의 뒤에 놓인다. 그리고 "年七十"을 "年七十歲"로도 쓸 수 있는 것처럼 年은 널리 시간의 경과에 사용되고 歲는 개인 시간의 경과에 주로 사용하지만, 『莊子』 "此木以不材 得終其天年(이 나무는 재목이 아니기 때문에 그 타고난 수명을 마칠 수 있었다)", 「古詩」 "生年不滿百 常懷千歲憂(살 수 있는 해가 백을 채우지도 못하는데, 항상 천 년의 근심을 품고 살아간다)"처럼 널리 壽命의 의미로 쓰일 때는 歲보다는 年을 쓴다.

19 산
山 / 岳

 山: 산의 모양을 본뜸.

山은 『釋名』 "山産也 産萬物者也(산은 생산으로, 만물을 생산하는 곳이다)", 『說文解字』 "山宣也 宣氣散生萬物 有石而高也(산은 펴는 것이다. 기운을 펴서 흩어 만물을 생산하며, 돌이 있어 높은 곳이다)"라 하였지만, 『국어』 "山 土之聚也(산은 흙이 모인 곳이다)", 『說苑』 "高山之巓無美木(높은 산의 꼭대기에는 아름다운 나무가 없다)", 『陽明全書』 "破山中賊易 破心中賊難(산속의 도적을 부수기는 쉬우나, 마음속의 도적을 부수기는 어렵다)"처럼 지면상에서 융기된 부분으로, 高低, 大小, 土石에 관계없이 山이라 부른다.

岳(=嶽): 丘(언덕의 상형)+산으로, 산 위에 산이 있는 험한 산. 山+獄(개 두 마리를 두고 달아나지 못하도록 위압감을 주는 곳)으로, '사람을 위압하는 험준한 산.'

岳(=嶽)은 『詩誥』 "山高而尊者嶽(산이 높아서 우뚝 솟은 것이 악이다)", 李象靖 『大山集』 "眼大乾坤小 心高岱岳卑(눈이 크면 천지가 작게 보이고 마음이 높으면 큰 산이 낮게 보인다)", "五嶽, 雉岳山, 冠岳山", "嶽崇海豁(산처럼 높고 바다처럼 넓다)"처럼 경내 가장 높고 험한 名山의 총칭이다. 岳과 嶽은 字意가 같아서 예전부터 둘 다 함께 써 왔지만 姓으로 쓸 때는 岳을 쓴다.

20 구슬

珠 / 璣

 **珠**: 玉(세 개의 옥을 세로의 끈으로 꿴 모양)+朱(나무의 벤 단면의 심이 '붉은색'으로 '변치 않음')로, '변치 않는 구슬.'

　　珠는 『說文解字』 "蚌之陰精(조개의 음의 정기이다)", 『孟子』 "寶珠玉者 殃必及身(구슬과 옥을 보배로 삼는 자는 재앙이 반드시 그 몸에 이를 것이다)", 『莊子』 "河上有家貧恃緯蕭而食者 其子沒於淵 得千金之珠 其父謂其子曰 取石來 鍛之(황하 가에 집이 가난하여 쑥을 짜서 먹는 집이 있었다. 그 아들이 연못에 들어가 천금의 값이 나가는 구슬을 얻어 오자, 그 아버지가 그 아들에게 말하기를 '돌을 가져 와라. 그것을 부수어야 한다' 하였다)"처럼

둥근 모양의 구슬로 귀중한 물건을 일컫는다.

璣: 玉(세 개의 옥을 끈으로 꿴 모양)+幾(자잘한 실로 묶은 무기의 상형)로, '잔 옥.'

璣는 『說文解字』 "珠不圓者(진주 가운데 둥글지 않은 것)", 『書經』 傳 "璣 珠類 生于水(기는 진주 종류로, 물에서 생산된다)", 『釋文』 "璣 珠不圓也 字書云 小珠也(기는 진주 가운데 둥글지 않은 것이다. 자서에는 '작은 진주다'라 하였다)", 『楚辭』 "貫魚目于珠璣" 주석 "圓澤爲珠 廉隅爲璣(둥글면서 윤이 나는 것을 주라 하고, 모가 나 있는 것을 주라 한다)", 『漢書』 주석 "璣謂珠之不圜者也(기는 둥글지 않은 진주를 말한다)"처럼 珠의 한 종류로, 둥글지 않고 모가 나 있거나 물속에서 나는 작은 구슬을 가리킨다.

21 농사

農 / 稼 / 穡

 **農**: 臼(양손 모양)+田+辰(조개가 껍데기에서 발을 내밀고 있는 모양)으로, '양손으로 조개껍데기를 잡고 풀을 뽑는 모양.'

農은 『耳談續纂』 "農夫餓死 枕厥種子(농부는 굶어죽더라도 그 종자를 베고 죽는다)", 『白虎通』 "農夫佩其耒耜(농부는 쟁기와 보습을 지닌다)", 『荀子』 "良農不以水旱不耕(좋은 농부는 홍수와 가뭄 때문에 농사를 짓지 않은 적이 없다)"처럼 일반적으로 농사의 總稱이다. 그런데 『左傳』 "其庶人力于農穡(그 백성들이 농사에 힘을 쓰다)" 註 "種曰農 斂曰穡(씨를 뿌리는 것을 농이라 하고, 거두어들이는 것을 색이라 한다)"처럼 稼와 같은 용도로 씨

앗을 뿌리는 행위에 쓰인다.

 **稼**: 禾(벼의 상형)＋嫁(시집가다)의 생략형
으로, 모판에 모를 심었다가 옮겨 심는 것이
여자가 친정집에서 자라다가 시집으로 가는
것과 같아서 '모를 앞으로 자라야 할 논에다
옮겨 심다'에서 '심다, 농사'의 뜻이 생겼다.

稼는 『詩經』 "不稼不穡" 주석 "種之曰稼 斂之曰穡(씨를
뿌리는 것을 가라 하고, 거두어들이는 것을 색이라 한다)",
『書經』 "土爰稼穡(토는 이에 가색을 한다)" 疏 "種穀曰稼
若嫁女之有所生然(곡식을 심는 것을 가라 한다. 시집간 여
자가 생산하는 것이 있는 것과 같다)", 『論語』 "樊遲請學稼
(번지가 농사일을 배우기를 청하다)" 주석 "種五穀曰稼(오
곡을 심는 것을 가라 한다)", 『孟子』 "自耕稼陶漁 以至爲帝
無非取於人者(밭 갈고 곡식을 심으며 질그릇 굽고 고기 잡
을 때로부터 황제가 됨에 이르기까지 남에게서 취한 것 아
님이 없으셨다)"처럼 씨앗을 뿌리는 일에 중점이 두어진
글자이다.

 穡: 禾(벼의 상형)+嗇(위에 보리와 아래의 창고의 모양을 본뜬 것으로, '보리를 수확하여 창고에 넣다'의 뜻)으로, '벼를 수확하다'의 뜻에서 '거두다, 농사'의 뜻이 생겼다.

穡은 『詩經』 "不稼不穡"의 주석 "種之曰稼 斂之曰穡(씨를 뿌리는 것을 가라 하고, 거두어들이는 것을 색이라 한다)", 『書經』 疏 "種之曰稼 斂之曰穡 穡是秋收之名(색은 가을에 곡식을 거두어들이는 명칭이다)", 『說文解字』 "穀可收曰穡(곡식을 거두어들일 수 있는 것을 색이라 한다)", 『顔氏家訓』 "稼穡而食(씨를 뿌리고 거두어들여서 먹다)"처럼 곡식을 거두어 수확하는 데 중점이 두어진 글자이다.

22 꽃

花 / 華 / 榮 / 英 / 葩

花: ⻗(풀)+化(華의 의미)로, 풀 꽃.

花는 古字가 華로, 劉廷之의 「代悲白頭翁」
"年年歲歲花相似 歲歲年年人不同(해마다 해
마다 꽃은 서로 비슷하나, 해마다 해마다 사
람은 똑같지 않구나)", 李白의 「山中對酌」 "兩人對酌山花
開 一盃一盃復一盃(두 사람이 산꽃 피어 있는 곳에서 대작
하니, 한 잔 한 잔 또 한 잔)", 歐陽修 「花品序」 "洛陽人稱
花曰某花某花 稱牡丹則直曰花(낙양 사람들은 꽃을 아무개
꽃 아무개 꽃이라 하는데, 모란만은 바로 꽃이라 한다)",
"花甲＝華甲, 花燭＝華燭"처럼 남북조시대 이후 華와 구별
하기 위해 만들어진 것이다.

華: 나무에 꽃이 달린 모양.

華는 『詩經』 "灼灼其華(성대한 꽃이여)", "唐棣之華(당체꽃이여)" 韓愈 「進學解」 "含英咀華(꽃을 머금고 꽃을 씹는다)", 『燕巖集』 "華大者 未必有其實(꽃이 큰 것이 반드시 그 열매가 맺히는 것만은 아니다)"처럼 花의 古字로 나무에 핀 꽃이었다가 花가 '꽃'의 의미로 쓰이자 『韓非子』 "華而不實(화려하기만 하고 내실이 없다)", 『靑莊館全書』 "斂華于裏 久而外爛(속에 빛남을 거두어들여, 오래되면 밖으로 빛날 것이다)"처럼 '화려하다'란 의미로 구별하여 쓰였다.

榮: 횃불을 엇걸어 세운 화톳불을 본뜬 모양.

榮은 『爾雅』에 "木謂之華 草謂之榮(나무에서 난 것을 화라 하고, 풀에서 난 것을 영이라 한다)"라 구별했는데, 『禮記』 "草木生榮(풀과 나무에서 꽃이 자란다)", "枯木發榮＝枯木發花(마른 나무에서 꽃이 자란다)"처럼 나무에서 자란 것도 일컫는다. 榮은 花의 다른 방언이며, 『明心寶鑑』 "榮

輕辱淺 利重害深(영화가 가벼우면 모욕도 얕고, 이익이 많으면 손해도 깊다)", 『史記』 "衣食足 而知榮辱(의식이 풍족하고 나서야 영화와 모욕을 안다)"처럼 '光榮'의 의미로 파생되었다.

英: 艹(풀)+央(목에 칼을 씌운 사람의 모양에서 사람의 목이 채운 칼 속에 있어 중심을 뜻함)으로, '풀에서 가장 중심적인 것.'

英은 『爾雅』에 "不榮而實者謂之秀 榮而不實者謂之英(꽃이 피지 않고 열매가 맺히는 것을 수라 하고, 꽃이 피었으나 열매가 맺히지 않는 것을 영이라 한다)"라 정의했는데, 완전한 정의는 아니다. 예컨대 「桃花源記」 "落英繽粉(떨어지는 꽃이 어지럽다)"에서 보듯이 여기의 英은 桃花이기 때문에 열매가 맺힌다. 英은 『詩經』 「鄭風」 "顔如舜華(얼굴이 무궁화꽃 같다)", "顔如舜英(얼굴이 무궁화꽃 같다)", 韓愈 「進學解」 "含英咀華(꽃을 머금고 꽃을 씹는다)"처럼 華와 비슷한 의미로 쓰이며, 후에 『正字通』 "才能過人曰英(재능이 보통 사람보다 뛰어난 것을 영이라 한다)", 『孟子』 "得天下英才而敎育之 三樂也(천하의 영재를 얻어서 그들을 교육하는 것이 세 번째 즐거움이다)”, “英雄”처럼 ‘재능이 뛰어나다’란 의미로 파생되었다.

 **葩**: ‘풀’과 ‘납작하다’로, ‘꽃잎.’

葩는 『聲類』 “葩取其盛貌也(파는 그 성대한 모습을 취한 것이다)”, 『說文解字』 “謂花之麗菜美盛(꽃이 화려하고 매우 아름다운 것을 말한다)”, 張衡 「西京賦」 “若衆葩敷(많은 꽃이 펼쳐진 듯하다)”, 『一切經音義』 “秦人謂花爲葩(진나라 사람들은 꽃을 파라 불렀다)”처럼 성대한 꽃이나 진나라 사람의 方言이다.

23 돼지

豕 / 彘 / 猪 / 豚 / 豨

豕: 주둥이가 튀어나온 돼지의 상형.

『左傳』 "遂田於大丘 …… 豕人立而啼(마침내 큰 언덕에서 사냥을 했다. …… 돼지가 사람처럼 서서 울었다)"는 들돼지이고, 『墨子』 "取其狗豕(그 개와 돼지를 취했다)", 『孟子』 "食而弗愛豕交之也(먹이기만 하고 사랑하지 않으면 돼지로 사귐이다)", "遼東豕(요동에 사는 돼지)"는 집돼지를 말하는 것으로, 豕는 『玉篇』 "猪豨之總名(돼지의 총칭이다)", 『急就篇』 "豕者 彘之總名也(시는 돼지의 총칭이다)"처럼 古代 돼지의 總稱으로 쓰였다.

彘: 윗부분(털이 긴 짐승)＋矢(화살)＋比(발의 상형)로, 화살로 쏘아 죽일 수 있는 털이 긴 돼지.

彘는 『孟子』 "鷄豚狗彘之畜 無失其時 七十者可以食肉矣(개와 돼지와 닭과 돼지의 가축을 기름에 새끼 칠 때를 잃지 않게 하면 70세 된 자가 고기를 먹을 수 있다)", 『사기』 "人彘(사람 돼지: 呂太后가 漢高祖의 寵姬 戚夫人의 수족을 자르고 눈을 빼고서 귀를 지지고 벙어리가 되는 약을 먹인 후 뒷간에서 살게 하고서 人彘라 하였다)"처럼 암돼지이다. 그런데 『禮記』 주석 "彘 水畜(체는 물에서 기른다)", 『史記』 "賜之彘肩(그에게 돼지 어깨를 주어라)", 『賈子胎敎』 "彘者 北方之牲也(체는 북방에 사는 희생이다)"처럼 물에서 기르며, 方言이기도 하다. 『方言』에 "北燕朝鮮之間謂之豭 關東西或謂之彘 或謂之豕 南楚謂之豨(북연과 조선에서는 가라 하고, 관동과 관서 지역에서는 체라고도 하고 시라고도 하며, 남초지역에서는 희라 한다)"라 구분하여 말하고 있다.

猪: 犬＋者(모이다)로, 무리 지은 돼지.

猪(＝豬)는 『廣雅』 "豕子 猪(돼지 새끼가 저이다)" 주석 "今亦曰彘 江東呼豨(지금은 또한 체라고도 하며, 강동에서는 희라 부른다)", "兒猪(애 저: 어린 돼지)"처럼 새끼 돼지로 작은 돼지이다. 그런데 "山猪(산돼지)", "猪突(돼지처럼 돌진하는 용맹)", "猪肉(제육: 돼지고기)"처럼 다 자란 돼지에서도 쓰인다. 猪는 秦漢 이후로 돼지의 통칭이 되어 先秦시대의 豕를 대치하였다.

豚: 月＋豕로, 살찐 돼지의 상형.

豚은 『說文解字』 "小豕也(작은 돼지이다)", 『爾雅』 "豬子曰豚(돼지 새끼를 돈이라 한 다)", 『방언』 "猪 …… 其子或謂之豚(그 새끼 를 간혹 돈이라고 한다)"처럼 '돼지 새끼'이다. 그런데 『孟 子』 "畜馬乘 不察於鷄豚(처음 대부가 된 자는 닭과 돼지를 기름에 살피지 않는다)", "今之與楊墨辯者 如追放豚(지금에 楊朱・墨翟의 학자들과 변론하는 것은 마치 뛰쳐나간 돼 지를 쫓는 것과 같다)", "養豚, 豚犬(돼지와 개, 자기 자식의 겸칭)"처럼 豚은 주로 집에서 기르는 돼지로 쓰인다.

　그런데 『旬五志』 "捉山猪 失家猪(산돼지를 잡으려다 집돼지를 잃어버렸다)", 『耳談續纂』 "逐彼山豕 幷失家豨(저 산돼지를 쫓다가 집돼지를 함께 잃다)"처럼 豕豨猪豚에 대한 구분이 명확하지 않은 경우도 있다.

 **豨**: 豕＋希(직물의 발과 헝겊)로, 큰 돼지.

　豨는 『莊子』 주석 "豨 大豕也(희는 큰 돼지이다)", 『方言』 "南楚謂之豨(남초지역에서는 희라 한다)", "豨勇(멧돼지처럼 무서운 줄 모르고 덤비는 용기)"처럼 큰 돼지이다.

24 곰

熊 / 羆

熊: 팔꿈치를 자유롭게 움직이며 나무에 올라 먹이를 따 먹는 검은 곰.

熊은 『說文解字』에 "獸似豕 山居冬蟄(돼지와 비슷한 짐승으로, 산에 살며 겨울에 칩거한다)", "熊經鳥申(곰이 나무에 매달리듯 하고 새가 목을 길게 뺀 것 같이 하다: 신선이 長生不死하기 위하여 몸을 단련시키는 법)"처럼 나무에 오를 수 있는 몸체가 작으며 검은색 곰을 말하며, 『孟子』 "魚 我所欲也 熊掌 亦我所欲也 二者不可得兼 舍魚而取熊掌者也(물고기도 내가 원하는 바요, 곰 발바닥도 내가 원하는 바이지만, 이 두 가지를 겸하여 얻을 수 없다면 물고기를 버리고 곰 발바닥을 취하겠다)", "熊虎之將(곰이나 호랑이 같은 장수), 熊膽"처럼 곰의 통칭으로도 쓰인다.

 羆: 罒(그물)+熊으로, 그물이 아니면 물리칠 수 없는 큰 곰.

羆는 『爾雅』 "羆如熊 黃白文(비는 곰과 같으며 황백색 무늬를 하고 있다)" 주석 "似熊而長頭高脚 猛憨多力 能拔樹木(곰과 비슷한데 머리가 길고 다리가 높으며 사납고 힘이 세어 나무를 뽑을 수 있다)", 『爾雅翼』 "羆則熊之雌者 力尤猛(비는 웅의 수컷으로 힘이 더욱 사납다)", 『국어』 "羆即熊類之大而猛者 能拔樹木 今俗謂之人熊(비는 바로 곰 종류 가운데 크고도 사나운 것으로 나무를 뽑을 수 있다. 지금 속세에서는 그것을 인웅이라 한다)"처럼 몸체가 크며 황백색이나 갈색을 지닌 곰을 말한다.

때로는 『詩經』 "維熊維羆 男子之祥(곰과 큰 곰의 꿈은 남자를 낳을 상서다)", "熊羆之力(곰 같은 힘)", "熊羆入夢('곰이 꿈에 들어오다'로 남자가 태어날 태몽)"처럼 함께 쓰이기도 한다.

25 새

鳥 / 隹

鳥: 새를 본뜸.

鳥는 『說文解字』에 "長尾禽總名也(꼬리가 긴 새의 총칭이다)"라 정의했는데, '鵝, 鴨, 鴻, 鵠' 등은 꼬리가 짧은 새이다. 鳥는 『論語』 "於止 知其所止 可以人而不如鳥乎(그침에 있어 그 그칠 곳을 아니, 사람으로서 새만 못해서야 되겠는가?)", 『莊子』 "毛嬙麗姬 人之所美也 魚見之深入 鳥見之高飛(모장과 여희는 사람들이 아름다워 하는 여자이다. 그런데 물고기가 그들을 보면 깊이 들어가고, 새가 그들을 보면 높이 날아간다)", 『史記』 "蜚鳥盡良弓藏 狡兎死走狗烹(날던 새가 다하면 좋은 활을 감추어두고, 교활한 토끼가 죽으면 사냥개는 삶긴다)"처럼 새의 통칭으로 쓰인다.

隹: 꼬리가 짧고 뚱뚱한 작은 새를 본뜸.

隹는 『說文解字』 "鳥之短尾總名也(새 가운데 꼬리가 짧은 것의 총칭이다)"라 정의했는데, '雉, 雀, 隼, 翟' 등은 꼬리가 짧지 않으며, 문장에서 단독으로 쓰인 경우는 거의 없다.

그러므로 '鷄=雞, 雁=鴈, 雉=鴙'처럼 鳥와 隹는 구조상에는 구별점이 없고, 다만 篆書의 字形에서 구별법이 나왔는데 사실상 근거점이 없으며, 隹보다는 鳥를 意符로 활용하는 한자가 훨씬 많다.

26 오리

鳧 / 鶩 / 鴨

鳧: 鳥+几(뻗은 발의 象形)로, 물갈퀴발이 있는 물오리.

鳧는 『詩經』 "將翱將翔 弋鳧與雁(장차 일어나 물오리와 기러기를 주살로 잡아오소서)" 주석 "鳧 水鳥 如鴨 靑色 背上有文(부는 물에 사는 새인데 오리와 비슷하며 청색이고 등 위에 무늬가 있다)", 『爾雅』 疏 "野曰鳧 家曰鴨(들에 있는 오리는 부라 하고, 집에 있는 오리는 압이라 한다)"라 한 것으로 보면, 鳧는 사냥의 대상으로 집밖에 있는 들오리이다. 『莊子』 "鳧脛雖短 續之則憂 鶴脛雖長 斷之則悲(물오리의 다리가 비록 짧더라도 그것을 이으면 물오리는 근심할 것이며, 학의 다리가 비록 길더라

도 그것을 끊으면 학은 슬퍼할 것이다)”에서 자연에 위배
되는 것을 “斷鶴續鳧”라고 한다.

 鶩: 敄(몽둥이를 들고 가볍게 치다, 힘쓰게
하다)의 변형+鳥로, 집에서 기르는 오리.

鶩는 『禮記』 疏 “野鴨曰鳧 家鴨曰鶩(들에
있는 오리를 부라 하고, 집에 있는 오리를
목이라 한다)”, 『說文解字』 “鶩 舒鳧也(목은 서부이다)” 주
석 “以爲人所畜 不善飛 舒而不疾 故曰舒鳧(생각건대 사람
들이 기르는데 잘 날지 못하고 느리고 빠르지 못하기 때문
에 서부라 한다)”처럼 주로 집에서 기르는 오리를 말한다.
그런데 「滕王閣序」 “落霞與孤鶩齊飛 秋水共長天一色(지는
노을은 외로운 오리와 함께 날고, 가을 물은 푸른 하늘과
한 빛이다)”, 『禮記』 주석 “可畜而不能高飛曰鴨 野生高飛
曰鶩(기를 수는 있으나 높이 날 수 없는 것을 압이라 하고,
들에서 살며 높이 나는 것을 목이라 한다)”, “家鷄野鶩(집
의 닭과 들의 오리: 일상적인 것을 싫어하고 새로운 것을
좋아함)”에서는 鶩은 들오리인 鳧의 의미로도 쓰인다. 그
리고 『後漢書』 “刻鵠不成 尙類鶩(고니를 만들다 이루지 못

하더라도 여전히 오리와 비슷하다)"처럼 일반적인 오리를
뜻하기도 한다.

鴨: 甲(울음소리의 형용)+鳥로, 우는 오리.

鴨은 先秦시대에는 보이지 않으며, 中古
이후에 겨우 나타난다.『禽經』에 "鴨鳴呷呷
其鳴自呼 鳧能高飛 而鴨舒緩不能飛 故曰舒
鳧(오리는 꽥꽥거리며 울며 그 울음소리가 저절로 소리를
내며, 들오리는 높이 날 수 있지만 압은 느려서 날 수 없
으므로 서부라 한다)"처럼 소리로부터 명칭이 생긴 것으로
민간으로부터 俗稱된 것이다. 그런데『爾雅』疏 "野曰鳧
家曰鴨(들에 있는 오리는 부라 하고, 집에 있는 오리는 압
이라 한다)"처럼 집에서 기르는 오리의 의미도 있으며, "鴨
綠江(청둥오리의 머리처럼 푸른 강)"처럼 청둥오리류로 쓰
이기도 한다.

27 뱀

蛇 / 虵 / 蝮

蛇: 虫＋它(뱀의 상형).

蛇는 『酉陽雜俎』 "蛇 有水草木土四種(뱀
은 물과 풀과 나무와 흙에 사는 4종류가 있
다)", 『莊子』 "夔憐蚿 蚿憐蛇 蛇憐風 風憐目 目憐心(발이
하나뿐인 기는 발이 많은 노래기를 부러워하고, 노래기는
발이 없는 뱀을 부러워하고, 뱀은 발 없이도 가는 바람을
부러워한다)", 『史記』 "蛇化爲龍 不變其文(뱀은 변하여 용
이 되어도 그 무늬는 변하지 않는다)", 『淮南子』 "見蛇首
知長短(뱀의 머리를 보고서 그 뱀의 길고 짧음을 알 수 있
다)", 韓愈 「捕蛇者說」 "永州之野 産異蛇 黑質白章 觸草木
盡死 以齧人 無禦之者(영주의 들에 기이한 뱀이 생산되는

데, 검은 바탕에 흰 무늬를 하고 있다. 초목에 닿으면 다 죽고 사람을 물면 막을 사람이 없다)", "畵蛇添足", "蛇心佛口(뱀의 마음과 부처의 입: 속은 음험하고 겉으로는 친절한 체함)"처럼 독의 유무를 떠나 뱀의 총칭으로 쓰인다.

虺: 兀(머리를 들어 올리다)+虫으로, 머리를 위로 들어 올린 살무사.

虺는 머리를 위로 들어 올린 상태의 뱀으로, 『孔叢子』 "梁丘子遇虺毒 …… 三旬而後瘳(양구자가 독사의 독을 만난 뒤 …… 30일 이후에 나았다)", 『字滙』 "虺 蛇屬 細頸大頭 色如繡文 大者長七八尺(훼는 뱀 종류로, 목이 가늘고 머리는 크며, 색깔은 비단무늬 같으며, 큰 것은 길이가 7~8척이다)"처럼 독사의 총칭이다. 『國語』 주석에는 "虺小 蛇大也(훼는 작고 사는 크다)"라 하여 크기로 구분하기도 하고, 『述異記』 "水虺 五百年 爲蛟(수훼는 500년이 되면 교룡이 된다)"처럼 교룡의 새끼로 보기도 한다. 그리고 虺와 蛇는 『老子』 "含德之厚 比於赤子 蜂蠆虺蛇不螫(후덕한 덕을 품은 것은 어린아이에 비유되니, 어린아이는 벌·전갈·살무사·뱀 등이 쏘지 않는다)", "虺蛇入夢(살무사와 뱀이 꿈에 들어오다: 뱀은 陰性의 동물이므로 女兒를 밸 태몽)"처럼 連用하여 쓰이기도 한다.

蝮: 虫+부푼 배로, 배가 불룩한 살무사.

蝮은 『爾雅』 "蝮大蛇也 非虺之類(복은 큰 뱀으로, 훼의 종류가 아니다)", 『이아』 "博三寸 首大如擘(넓이가 3촌이며 머리의 크기가 엄지만하다)" 註 "身廣三寸 頭大如人擘指 此自一種蛇(몸의 넓이가 3촌이며, 머리의 크기는 사람의 엄지만하다. 이것은 하나의 뱀 종이다)", 『楚辭』 "蝮蛇蓁蓁(뱀들이 많다)" 註 "蝮 大蛇也(복은 큰 뱀이다)", 『漢書』 "蝮蠚手則斬手 蠚足則斬足(복이 손을 물면 손을 베고, 다리를 물면 다리를 벤다)" 註 "蝮出南方(복은 남방에서 난다)", 『博物志』 "蝮蛇秋月毒甚 齧草木以泄其氣 草木卽死 人樵探爲草木所傷刺者亦殺人(복은 가을에 독이 심하다. 초목을 물어서 그 독을 배설하면 초목도 곧 죽고, 나무하던 사람이 초목에 상처를 입으면 또한 그 사람도 죽는다)"처럼 독이 있는 살무사로 虺보다 크다.

28 병

疾 / 病

 **疾**: 疒(침대)+矢(大+人: 사람이 화살에 맞음)로, 사람이 화살에 맞아 다쳐 침대에 누워 있는 것.

疾은 『禮記』 "婦有七去 不順父母去 無子去 淫去 妬去 有惡疾去 多言去 竊盜去(부인은 일곱 가지 내쫓김이 있으니, 시부모에게 순종하지 않으면 내쫓기고, 자식이 없으면 내쫓기고, 음란하면 내쫓기고, 질투하면 내쫓기고, 나쁜 병이 있으면 내쫓기고, 말이 많으면 내쫓기고, 도둑질하면 내쫓긴다)", 『논어』 "命矣夫 斯人也而有斯疾也(운명인가 보다. 이런 사람이 이런 병에 걸리다니!)" 주석 "有疾 先儒以爲癩也(그가 걸린 병은 선유들이 문둥병

이라고 하였다)”, “痏疾”처럼 사람이 화살에 맞은 모양에서 가벼운 外傷(傳染病, 傷處)나 急病으로 처음에 쓰이다가, 『明心寶鑑』 “爽口勿多 能作疾(입에 맞는다고 많이 먹지 말라. 병이 될 수 있다)”, 『書經』 “若藥不暝眩 厥疾不瘳(만약 약이 눈을 어지럽게 만들지 않는다면 그 병은 낫지 않는다)”처럼 일반적인 병의 총칭이 되었다.

 **病**: 疒(침대)+丙(다리가 내뻗친 상의 모양에서 ‘퍼지다, 넓어지다’)로, 병이 퍼져서 무거워지다.

病은 『孟子』 “今之欲王者 猶七年之病 求三年之艾也(지금 왕 노릇 하고자 하는 자는 7년 병에 3년 된 쑥을 구하는 것과 같다)”, 『莊子』 “西施病心 而矉其里(서시가 심장에 병이 있어 그 마을에서 얼굴을 찡그리고 있었다)”처럼 병이 퍼져 있는 것으로 만성적인 병(久病, 內病, 熱病)으로 체력의 소모가 많은 경우나, 『儀禮』 주석 “疾甚曰病(질이 심해진 것을 병이라 한다)”, 『禮記』 주석 “疾困曰病(질이 무거운 것을 병이라 한다)”, 『孟子』 “人病舍其田而芸人之田 所求於人者重 而所以自任者輕(사람들의

병은 자기 밭은 놓아두고 남의 밭을 김매는 것이요, 남에게 구하는 것은 무거우면서 자신의 임무는 가볍게 하려는 것이다)", 『莊子』 "人上壽百歲 中壽八十 下壽六十 除病瘦死喪憂患 其中開口而笑者 一月之中 不過四五日而已矣(사람이 가장 긴 수명은 100세요, 다음은 80세요, 다음은 60세이다. 병들어 파리하고 죽어 장사지내고 근심하는 시간을 제외하면, 그중에 입을 열고 웃을 수 있는 날은 한 달 중에 4~5일에 지나지 않는다)", 『說文解字』 주석 "析言之則病爲疾加 渾言之則疾亦病也(나누어서 말하면 병은 질이 더해진 것이고, 뭉뚱그려 말하면 질도 병이다)"처럼 重病을 의미한다.

그런데 『論語』 "子疾病 子路請禱(孔子께서 병환이 위중하시자, 자로가 신에게 기도할 것을 청하였다)", 『孟子』 "王使人問疾 醫來 孟仲子對曰 昔者 有王命 有采薪之憂 不能造朝 今病小愈 趨造於朝(왕이 사람을 시켜 병을 물으시고 의원이 오자, 맹중자가 대답하기를 '어제에 왕명이 계셨으나 병이 있어 조회에 나가지 못하시더니, 오늘 병이 조금 나으셨으므로 조정에 달려 나가셨습니다')"처럼 疾病은 連用해 쓰거나, 엄격히 구별되지 않는다.

29 똥

屎 / 糞

屎: 尸(엉덩이의 상형)+米로, 엉덩이 아래로 나오는 쌀의 찌끼.

屎는 『左傳』 "殺而埋之馬矢之中(죽여서 말똥 가운데 그를 묻었다)", 『莊子』 "夫愛馬者以筐盛矢(무릇 말을 사랑하는 자는 광주리로 똥을 담아낸다)"처럼 후대 만들어진 글자로 先秦 문헌에서는 矢로 묘사되었고, 『莊子』 "道在屎溺(도는 똥과 오줌에도 있다)", 『東言解』 "錦褓裏犬屎(비단 포대기 속의 개똥)"처럼 漢나라 이후 조금 사용되었다.

 糞 자루가 달린 쓰레받기와 두 손을 본뜬 것에서, 두 손으로 쓰레받기를 잡고 쓰레기를 청소하는 모양에서 '청소하다, 똥'의 뜻이 생겼다.

糞은 『左傳』 "小人糞除先人之敝廬(제가 선인의 무너진 오두막집을 제거하였습니다)"처럼 더러운 것을 제거하는 의미로 쓰였다가, 『論語』 "糞土之墻 不可圬也(썩은 흙으로 쌓은 담장은 흙손질할 수가 없다)"처럼 버려진 무용한 사물로 쓰이기도 하고, 『孟子』 "凶年 糞其田而不足 則必取盈焉(흉년에는 그 토지에 거름을 주기에도 부족하거늘 반드시 일정액을 가득히 채움을 취한다)", "耕者之所獲 一夫百畝 百畝之糞 上農夫 食九人(경작하는 자의 소득은 한 家長이 백 묘를 받으니, 백 묘를 가꿈에 상농부는 9명을 먹일 수 있다)"처럼 거름을 주어 가꾸는 의미로 쓰이기도 하였다. 또한 『吳越春秋』 "妻給水除糞(아내가 물을 대어 똥을 제거했다)", 『耳談續纂』 "雖臥馬糞 此生可願(비록 말똥에 눕더라도 이러한 삶이 원할 만하다)", "糞尿, 馬糞, 人糞"처럼 똥의 총칭으로 쓰이기도 하였다. 그런데 『正字通』 "糞者 屎之別名(분은 시의 다른 명칭이다)"의 언급처럼 糞과 屎는 점차 동의어로 쓰이게 되었다.

30 길

道 / 路 / 途(塗)

◇ 종전에는 『周禮』 주석 "途容車一軌 道容二軌 路容三軌"처럼 길의 좁고 넓음으로 구분하여, 수레 한 대가 갈 수 있는 것을 途, 두 대가 갈 수 있는 것을 道, 세 대가 갈 수 있는 것을 路라 구분하였지만, 실제로는 이러한 구분이 적용되지 않는다. 道와 路는 街와 巷의 相對로, 도성 내의 도로는 街와 巷이라 하고, 도성과 도성 또는 마을과 마을을 연결하는 것을 道와 路라 한다.

道: 辶(길을 본뜬 것)+首(머리의 상형)로, '이민족의 목을 묻어 정화된 길.'

道는 『漢書』 "道廣五十步(도의 넓이가 50

보이다)", 『史記』 "今天大雨 道不通 度已失期(지금 비가 많이 와서 길이 통하지 않아 헤아려보니 이미 기약을 잃어버렸다)"처럼 한 지역과 한 지역을 통행하는 大路 즉 官道로, 비교적 넓은 편이다. 『孟子』 "山徑之蹊間 介然用之而成路 爲間不用 則茅塞之矣(산길에 사람들이 다니는 곳이 삽시간만 사용하면 길을 이루고, 잠깐 동안 사용하지 않으면 풀이 자라 길을 막힌다)"처럼 路와 비교했을 때 道가 路보다 넓으며, 이른 시기에 광범위하게 사용되었다.

 路: 足(발의 상형)+各(아래로 향한 발과 기도하는 입에서 신령이 내려오기를 비는 모양에서 '이르다')으로, '발이 어느 곳에 이르다'에서 '길'의 뜻이 생겼다.

路는 원래 사람이나 수레가 往來하는 데 중점이 두었는데, 『爾雅』에 '旅途'라 하여 문을 나가 밖에 있으면서 다니는 길로 풀이하고 있다. 『荀子』 "迷者不問路(헤매는 자가 길을 묻지 않는다)", 白居易 「太行路」 "行路難 不在水不在山 秖在人情反覆間(길을 가는 어려움은, 물에 있지도 않고 산에 있지도 않으며, 다만 인정이 반복하는 사이에 있기

때문이라네)", 杜牧「淸明」“淸明時節雨紛紛 路上行人欲斷魂(청명 시절 비는 어지럽게 내리고 길 가는 행인은 혼이 끊어지려 하네)", 『阮堂全集』 “今夫適千里者 必先辨其徑路之所在 然後有以爲擧足之地(이제 천리 길을 가려고 하는 자는 반드시 먼저 지름길이 있는 곳을 따져본 다음에 다리를 들 수 있는 땅으로 삼을 수 있을 것이다)", “經路, 路資”에서도 路는 여러 곳을 돌아다니는 길에 많이 쓰이고 있다.

 途: 辶(갈림길을 가는 모양)+余(끝이 날카로운 除草具를 나타낸 모양으로 '자유로이 뻗다'의 뜻이다)로, '쭉 뻗어 있는 길.'

途=塗는 『史記』 “日暮途遠(해는 저물고 갈 길은 멀다)", 『簡易集』 “絶歸途而懲後 制賊之長猷(적의 퇴로를 끊고서 뒷날의 후환이 없게 하는 것이 적을 제압하는 원대한 계책이다)", 『靑城雜記』 “不負人窮途者 非其學力之深 必其福力之厚(길에서 곤궁한 이를 저버리지 않는 사람은 학문이 深厚해서가 아니라, 반드시 福力이 심후해서이다)", 『靑莊館全書』 “風聞塗聽 依俙髣髴語 勿遽丁寧傳與人(뜬소문이나 길에서 들은 말, 어렴풋하고 잘 알 수 없는 말은 갑자기

남에게 되풀이하여 전하지 말라)"처럼 각종 大道, 小道, 城
에 있는 길, 들에 있는 길 등 道路의 총칭이다.

그런데 途中은 '길을 걷고 있을 때나 길을 가는 동안의
어느 지점'으로 왕래에 중점을 둔다면 路中이 맞으며, 道
中=路中은 '길 가운데'로 道中=途中으로 표기해야 한다.
또한 '道聽塗說, 道不拾遺=路不拾遺'에서 보듯이 서로 혼
재되어 쓰이기도 한다.

31 좁은 길
徑 / 蹊 / 逕

◇ 道와 路는 수레가 다닐 수 있는 큰 길이고, 蹊와 徑은 단지 사람이나 가축만이 다닐 수 있는 작은 길이다.

徑: 彳(行의 절반으로 '길을 가다')+巠(곧게 뻗은 날실)으로, 곧고 가까운 작은 길.

徑은 『周易』 주석 "田間之道曰徑路(밭 사이의 길을 경로라고 한다)"처럼 밭 사이에 난 작은 길이었다가, 『說文解字』 "步道也(걷는 길이다)" 주석 "道不容車 故曰步道(길이 수레를 용납하지 못하므로 보도라 한다)", 『周禮』 "遂上有徑" 註 "徑 容牛馬(경은 소나 말만을 용납한다)" 疏 "徑 不容車軌 而容牛馬及人之步(경은 수레바퀴를 용납하지 못하고 소나 말, 그리고 사람의 걸음만을 용납한다)", 『論語』 "行不由徑(다닐 때 작은 길로 다니지 않는다)", 『孟子』 "山徑之蹊間 介然用之而成路 爲 間不用 則茅塞之矣(산길에 사람들이 다니는 곳이 삽시간만 사용하면 길을 이루고, 한동안 사용하지 않으면 풀이 자라 길을 막힌다)", 杜牧 「山行」 "遠上寒山石徑斜 白雲生處有 人家(멀리 한산에 오르려니 돌길은 비스듬한데, 흰 구름 이는 곳에 인가가 있네)", 『孔子家語』 "衛輒之難 出而門閉 或曰 此有徑 子羔曰 吾聞之 君子不徑(위나라 첩의 난리에 나가고자 했으나 문이 닫혀 있었다. 어떤 사람이 '여기에 작은 길이 있다'고 하자, 자고가 '내가 들으니 군자는 작은 길로 가지 않는다'고 하였다)", "捷徑"처럼 사람이나 짐승 이 다니는 작은 길, 즉 지름길로 의미가 확산되었다.

 **蹊**: 足＋奚(사람이 손으로 끈을 잇다)로, 끈을 이은 것 같은 좁은 길.

蹊는 『釋名』 "步所用道曰蹊(걸을 때 사용 되는 길을 혜라 한다)", 『史記』 "桃李不言 下自成蹊(복숭아와 오얏은 꽃이 피었다고 말하지 않아도,

사람들이 찾아와 아래에 저절로 작은 길이 난다)", 權韠「寒食」 "山蹊寂寂人歸去 雨打棠梨一樹花(적적한 산길에 사람들은 돌아가고, 팥배나무 한 그루 꽃잎 위로 빗발치네)", "餓虎之蹊(굶주린 호랑이가 다니는 작은 길: 매우 위험한 곳을 비유)"처럼 사람이나 짐승이 발로 걸어 다닐 수 있는 작은 길이다.

 逕: 辶(行을 본뜬 것)+巠(곧게 뻗은 날실)으로, 곧고 거리가 가장 짧은 길.

逕은 『集韻』 "步道也(걷는 길이다)", 『明心寶鑑』 "小船難堪重載 深逕不宜獨行(작은 배는 무거운 짐을 견디기 어렵고, 으슥한 좁은 길은 마땅히 혼자 가서는 안 된다)", 鄭知常「題登高寺」 "石逕崎嶇苔錦斑(험한 돌길에 비단 같은 이끼가 알록달록하다)", "三逕＝三徑(漢나라 蔣詡의 정원에 좁은 길이 셋 있었다는 것에서 隱士의 門庭)"이라 하여 徑과 같은 의미로 쓰인다.

32 배

舟 / 船 / 航 / 艇 / 舸 / 舫 / 舶 / 艦

舟: 나룻배의 상형.

舟는 『손자병법』 "夫吳人與越人相惡也 當其同舟而濟 遇風 其相救也 如左右手(저 오나라 사람과 월나라 사람은 서로 미워하는 사이이다. 그런데 그들이 한 배를 타고 건너다가 바람을 만나면 그들은 서로 돕는 것이 왼손과 오른손처럼 하게 된다)", 『회남자』 "見竅木浮 而知爲舟(빈 나무가 뜨는 것을 보고 배를 만들 줄 알았다)", 『莊子』 "水之積也不厚 則負大舟也無力(물이 쌓인 것이 깊지 않으면 큰 배를 띄울 만한 힘이 없다)"처럼 가장 이른 시기 사용된 것으로, 先秦시대에 배의 의미로 쓰였다. 舟는 『周易』 "刳木爲舟 剡木爲楫

(나무를 쪼개어 배를 만들고 나무를 깎아 노를 만든다)"처럼 최초 나무로 만든 배였다.

船: 배의 상형과 나무를 파는 것이 결합되어, 나무를 파서 만든 배.

船은 『詩經』 疏 "舟者古名也 今名船(주는 옛날 명칭이고 지금은 선이라 한다)"에서 舟가 예전에 쓰이던 명칭이고 그 이후에 船이 나왔고, 『方言』 "自關而西謂之船 自關而東謂之舟(함곡관으로부터 서쪽은 선이라 하였고, 함곡관으로부터 동쪽은 주라 하였다)"에서 關西地方에 쓰이던 方言이며, 『說文義証』 "小日舟 大日船(작은 것은 주라 하고, 큰 것은 선이라 한다)"처럼 크기로 나눌 수도 있다. 船의 유행은 『越絕書』 "好船者溺 好騎者墜(배를 좋아하는 자는 빠지고, 말 타기를 좋아하는 자는 떨어진다)", 『旬五志』 "越津乘船(나루터를 건너 배에 타다)", 『莊子』 "有漁父者 下船而來(어떤 어부가 배에서 내려서 왔다)"처럼 關西에 있던 秦나라의 확장과 관련이 있다. 지금은 "漁船, 遊覽船, 船窓, 船員"처럼 배의 대표격으로 쓰이고 있다.

航: 舟+亢(=行 가다)으로, 배로 가다.

航은 『방언』 "舟自關而東或謂之航(주는 함곡관으로부터 동쪽에서 간혹 항이라 하였다)"에서 舟의 방언임을 알 수 있다. 航은 『張衡』 "譬臨河而無航(비유하자면 강에 임하여 배가 없는 것이다)", 『문선』 "長鯨呑航(큰 고래가 배를 삼키다)"처럼 명사로 '배'의 의미로도 쓰이지만, 『宋史』 "舟數百艘 航海歸周(배 수백 척을 거느리고 바다를 건너 주로 돌아갔다)", "航路, 航海"처럼 동사로 '건너다'의 의미로도 쓰인다.

艇: 舟+廷(계단 앞에 튀어나온 뜰의 상형)으로, 끝이 튀어 내밀어 바람의 저항을 적게 받도록 만든 경쾌한 작은 거룻배.

艇은 『釋名』 "二百斛以下曰艇 艇挺也 其形徑挺 一人二人所乘行也(2백곡 이하를 정이라 한다. 정은 뻗다는 의미로, 그 모양은 곧게 뻗은 모양으로 한두 사람이 타고 가는 것이다)", 『揚子·方言』 "小艒縮謂之艇(작은 거룻배를 정이라 한다)"처럼 길고 작은 배이며, 겨우 한두 사람 정도 타서 앉을 수 있는 배이다. '快速艇, 潛水艇'처럼 지금도 가늘고 길면서 빠른 배에 쓰인다.

舸: 舟+可(입안 깊숙한 데에서 큰소리를 내어 꾸짖다)로, 큰 배.

舸는 『방언』 "南楚江湘 凡船大者謂之舸(남쪽 초나라 양자강과 상수에서 배 가운데 큰 것을 가라 한다)", 『삼국지』 "乘大舸船 突入蒙沖(큰 배를 타고 갑자기 몽충으로 들어갔다)", 左思 「蜀都賦」 "弘舸連舳(큰 배가 선미를 이었다)" 註 "大船曰舸(큰 배를 가라 한다)"처럼 큰 배를 말한다.

舫: 舟+方(쟁기로 나란한 서서 논밭을 가는 모양)으로, 두 척을 나란히 이어 엮은 배.

舫은 『史記』 "蜀漢之粟 舫船而下(촉한의 곡식은 배를 나란히 엮어서 내렸다)" 주석 "舫船謂并舟也(방선은 배를 나란히 한 것을 말한다)"처럼 나란히 엮은 배이다.

舶: 舟＋白＝泊(머무르다)으로, 장기간 먹고 자며 바다를 가는 큰 배.

舶은『廣韻』"海中大船(바다의 큰 배)",『集韻』"舶 蠻夷泛海舟曰舶(박은 만이족이 바다에 배를 띄운 것을 박이라 한다)", 한유「送鄭尙書序」"蠻胡賈人 舶交海中(만호의 장사꾼이 바다에서 큰 배를 띄워 교역한다)"처럼 바다에 배를 띄워 무역하는 큰 배이다. 지금도 '舶賈(외국에서 온 상인), 舶來品(외국에서 건너온 물품)'에 쓰이고 있다.

艦: 舟＋監(＝檻 우리)으로, 적의 공격을 막기 위해 우리처럼 사면을 판자로 싼 싸움배.

艦은『玉篇』"板屋舟也(판옥으로 된 배이다)",『廣韻』"御敵船(적의 배를 막다)",『晉書』"大艦漂沒(큰 싸움배가 떠다니다 침몰했다)",『釋名』"上下重牀曰艦 四方施板 以禦矢石 其內如牢檻也(위 아래로 이중으로 마루를 만든 것이 함이다. 사방에 판자를 대서 화살이나 돌을 막는데 그 안은 우리와 같다)", "驅逐艦, 軍艦, 航空母艦"처럼 판자를 사면에 설치하여 적의 화살을 막는 戰艦이다.

120

33 아내

婦 / 妻 / 妾 / 室

 婦: 女+帚(빗자루의 상형)로, '빗자루를 든 여성.'

婦는 『전국책』 "今秦婦人嬰兒 皆言商君之法 (지금 진나라 여자들과 아이들은 모두 상군의 법을 말한다)"처럼 여성의 통칭으로 쓰이기도 하고, 『禮記』 "婦人伏於人也 是故無專制之義 有三從之道 在家從父 適人 從夫 夫死從子 無所敢自遂也(여자는 남자에게 복종한다. 그러므로 독단으로 재량하는 의가 없고 세 가지 따르는 도 가 있으니, 집에 있을 때는 아버지를 따르고 시집가서는 남편을 따르고 남편이 죽으면 아들을 따라, 감히 스스로 이루는 것이 없다)"처럼 이미 결혼한 여자와 아직 결혼하

지 않은 여자를 동시에 말하기도 하며, 『論語』 "君子之道
造端乎夫婦(군자의 도는 부부에게서 실마리를 만들어간
다)", 『周易』 "躓馬破車 惡婦破家(발이 걸려 넘어지는 말은
수레를 부수고, 악한 아내는 집을 파괴한다)", 『爾雅』 "子
之妻爲婦 又女子已嫁曰婦(아들의 아내를 며느리라 하고,
또 여자가 이미 시집을 간 것을 부라 한다)"처럼 남편에
상대되는 의미로 쓰이기도 한다.

妻: 비녀에 손을 대고 머리를 매만져 꾸미
는 여자의 모양.

시집간 부인은 모두 婦라 일컫지만, 妻는
『孟子』 "齊人有一妻一妾而處室者(제나라 사
람 중에 한 아내와 한 첩을 두고 집에 사는 자가 있었다)",
『十八史略』 "糟糠之妻 不下堂(어려울 때 함께 고생한 아내
는 쫓아내어서는 안 된다)", 『禮記』 "聘則爲妻 奔則爲妾(예
의를 갖추고 장가를 들면 처가 되고, 예의를 갖추지 않고
혼인을 하면 첩이 된다)"처럼 정식 배우자나 嫡妻일 경우
에 쓰인다. 그리고 『孟子』 "好貨財 私妻子 不顧父母之養
三不孝也(재물을 좋아하고 처자식을 편애하여 부모의 봉양

을 돌보지 않는 것이 세 번째 불효다)", 『莊子』 "貧人見之
挈妻子而去之走(가난한 자들은 그것을 보고 처자식을 끌고
그곳을 떠나 달아나버렸다)"처럼 자식과 연용해서 사용할
경우 婦보다는 妻를 많이 활용하고 있다.

　　妾: 辛(문신하기 위한 바늘을 본뜬 것)＋女
로, '문신을 한 여자'에서 '시비, 첩'의 뜻이
생겼다.

　　妾은 『국어』 주석 "妾 給使者(첩은 곁에서
잔심부름을 하는 사람이다)", 『孟子』 "食前方丈 侍妾數百
人 我得志 弗爲也(밥상 앞에 음식이 한 길이 진열됨과 모
시는 첩이 수백 명인 것을 나는 뜻을 얻더라도 하지 않는
다)"처럼 처음 전쟁 중 포로가 된 여자로 가정에 일을 하
는 여자 종이었다가 후에 죄가 있는 여자로 쓰였다. 그러
다가 『孟子』 "初命曰 誅不孝 無易樹子 無以妾爲妻(첫 번째
명령하기를 '불효하는 자를 처벌하며, 세워 놓은 아들을
바꾸지 말며, 첩을 처로 삼지 말라')", 蘇軾 「薄薄酒」 "醜妻
惡妾勝空房(못생긴 아내와 악한 첩일망정 텅 빈 방보다 낫
다네)"처럼 신분이 점차 상승하게 되고 귀족이나 부귀한

사람들이 부인을 많이 두는 관습에 따라 점차 종의 신분에서 아내의 지위로 변하게 되었다.

室: 宀+至(화살이 땅에 이르다)로, 사람이 이르러 머무는 방.

室은 집이나 방의 의미도 있으나, 『禮記』 "二十日弱冠 三十日壯 有室(20살을 약이라 하는데 관례를 치루고, 30살을 장이라 하는데 아내를 둔다)", 『孟子』 "丈夫生而願爲之有室 女子生而願爲之有家 父母之心(장부가 태어나면 그에게 아내가 있게 되기를 바라고, 여자가 태어나면 그에게 남편이 있게 되기를 바라는 것이 부모의 마음이다)" 주석 "夫謂婦曰室 婦謂夫曰家(남편이 아내를 室이라 하고, 아내가 남편을 家라 한다)", "室家之樂(부부간의 화락), 正室=本室=嫡室"처럼 남편에 의해 부르는 호칭으로 쓰인다.

34 어리다

幼 / 稚

幼: 幺(실 끝의 상형으로 '작다'의 뜻)+力
으로, '힘이 작다, 어리다'의 의미.

幼는 『明心寶鑑』 "幼而不學 老無所知(어려
서 배우지 않으면 늙어서 아는 것이 없다)",
"長幼有序"처럼 '長, 壯, 老'의 상대어이다. 幼의 범위는 일
정하지 않으나 『漢書』 주석 "七歲以下(7세 이하)", 『禮記』
"人生十年曰幼(사람이 태어나 10살 된 것을 유라 한다)" 주
석 "幼者 自始生至十九時(유는 처음 태어나면서부터 19세
까지이다)", 『儀禮』 주석 "謂十五以下(15세 이하를 말한
다)" 등의 표현에서 적게는 7세, 많게는 19세 이하의 어린
이를 말한다. 幼는 『論語』 "幼而不孫弟 長而無述焉 老而不

死 是爲賊(어려서 공손하지 않고 커서 칭찬할 만한 일이 없으며 늙어서도 죽지 않는 것이 바로 적이다)", 『孟子』 "老吾老 以及人之老 幼吾幼 以及人之幼 天下可運於掌(내 어른을 어른으로 대접하여 남의 어른에게까지 미치며, 내 아이를 아이로 사랑하여 남의 집 아이에게까지 미치면 천하는 손바닥에서 움직일 수 있을 것이다)", "老而無子曰獨 幼而無父曰孤(늙어서 자식이 없는 것을 독이라 하고, 어려서 부모가 없는 것을 고라고 한다)"처럼 '어린이'에서 '어리다'란 의미로 쓰이게 되었다.

 **稚=穉**: 禾(벼의 상형)+隹(꽁지가 짧은 새)로, '작은 벼'에서 '어리다'의 뜻이 나왔다.

稚는 『穀梁傳』 "驪姬有二子 長曰奚齊 稚曰卓子(여희에게 2명의 아들이 있었는데, 長子는 해제이고 막내는 탁자이다)", "幼稚"처럼 幼와 동의어로 연용해서 사용하는데, 幼는 통상적으로 쓰이나 稚는 杜甫「江村」"老妻畵紙爲碁局 稚子敲針作釣鉤(늙은 아내는 종이에 그려 바둑판을 만들고, 어린 아들은 바늘을 두드려 고기 낚을 낚시를 만드네)", 陶潛「歸去來辭」"僮僕歡迎 稚

子候門(종들은 환영하고 어린 아들은 문에서 기다린다)”,
“稚心(어린애 같은 마음), 稚氣(어린애 같은 기분)”처럼 비
유적으로 주로 성숙하지 못한 생각, 無知하거나 天眞한 상
태일 때 쓰인다.

35 어린아이

兒 / 嬰 / 孩 / 孺 / 童

 兒: 머리를 두 갈래로 갈라 위 양쪽에 뿔처럼 동여맨 모양을 본뜬 것이다. 一說에는 위는 어린아이의 치아를, 아래는 아직 어려서 흐느적거리는 다리를 본뜬 것이라고도 한다.

兒는 『莊子』 "兒子終日嘷而嗌不嗄(어린아이는 종일토록 울부짖어도 목이 쉬지 않는다)", 『洌上方言』 "兒在負 三年搜(아이는 등에 업고 있으면서 삼 년을 찾는다)"처럼 先秦시대 아이가 막 태어나서 걸음걸이를 배우기 전 단계였다가 漢대 이후 嬰으로 대체되었으며, 晉 皇甫謐 『高士傳』 "嘗取水上堂 詐跌仆臥地 爲小兒啼 弄雛於親側 欲親之喜(일

찍이 물을 떠가지고 마루에 오르다가 거짓으로 넘어져서 땅에 엎어져 어린아이의 울음소리를 내었으며, 부모 곁에서 병아리를 가지고 놀며 부모님을 기쁘게 하고자 하였다)", 『靑城雜記』 "小兒持杖 胡亂打人 小人執柄 胡亂傷人(어린아이가 몽둥이를 쥐면 함부로 사람을 때리고, 소인이 권력을 잡으면 함부로 사람을 해친다)"처럼 4~5세부터 10살까지의 어린아이를 의미한다. 『韻會』 "男曰兒 女曰嬰(남자는 아라 하고, 여자는 영이라 한다)", "兒女(사내아이와 계집아이)"처럼 '남자 아이'로 쓰이기도 한다.

嬰: 여자의 몸에 목걸이를 두른 모양.

嬰은 『墨子』 "嬰兒之知 獨慕父母而已(어린아이의 지혜는 다만 부모를 사모할 뿐이다)", 『老子』 "如嬰兒之未孩(어린아이가 아직 웃지 못하는 것과 같다)", 『釋名』 "人始生曰嬰兒 胷前曰嬰 抱之嬰前 乳養之 故曰嬰 一曰女曰嬰 男曰孩(사람이 막 태어난 것을 영아라 한다. 가슴 앞에 있어서 영이라 하는데, 가슴 앞에 아이를 안고 젖으로 아이를 기르기 때문에 영이라 한다. 일설에는 여자아이는 영이

라 하고, 남자아이를 해라 한다)"처럼 가슴 앞에 안고 있는
모양에서 포대기 속에 쌓인 어린아이나 여자아이로, 秦漢시
대 嬰은 단독으로 사용하지 않았고 후에 兒를 대체하였다.

 **孩**: 子＋亥(어린아이의 웃는 소리의 의성
어)로, 어린아이가 웃다.

孩는 『老子』 "如嬰兒之未孩(어린아이가
아직 웃지 못하는 것과 같다)", 『孟子』 "孩
提之童 無不知愛其親者 及其長也 無不知敬其兄也(웃고 길
줄 아는 아이 중에 그 어버이를 사랑할 줄 모르는 자가 없
으며, 그 장성함에 이르러서는 그 형을 공경할 줄 모르는
자가 없다)", 『耳談續纂』 "孩兒之言 宜納耳門(웃는 아이의
말도 마땅히 귀의 문에 받아들여야 한다)", 『禮記』 "無殺孩
蟲(갓 나온 벌레를 죽이지 말라)", 『廣韻』 "孩 始生小兒(해
는 갓 태어난 어린아이이다)", 『釋名』 "一曰女曰嬰 男曰孩
(일설에는 여자아이는 영이라 하고, 남자아이를 해라 한
다)"처럼 말을 하기 이전 웃으며 옹알이하는 어린아이나
남자아이이다.

 **孺**: 子+需(雨+而: 머리털을 밀고 수염을 기른 무당의 상형-비오기를 비는 무당→비를 만나 부드럽고 연해지다)로, 보드라운 젖먹이.

孺는『釋名』"兒始能行曰孺子(아이가 처음 걸을 수 있는 경우를 유자라 한다)",『孟子』"今人 乍見孺子將入於井 皆有怵惕惻隱之心(지금 사람들이 갑자기 어린아이가 장차 우물로 들어가려는 것을 보고는 모두 깜짝 놀라고 측은해하는 마음을 가진다)",『孟子』"有孺子歌曰 滄浪之水淸兮 可以濯我纓 滄浪之水濁兮 可以濯我足(아이가 노래하기를 '창랑의 물이 맑거든 나의 갓끈을 씻을 수 있고, 창랑의 물이 흐리거든 나의 발을 씻을 수 있겠다' 하였다)"처럼 기어가거나 처음으로 걸음걸이를 배울 수 있는 단계의 아이로, 童子의 전 단계인 2~3살에서 10살에 이르는 단계를 말한다.

 **童**: 辛(문신하는 바늘)+重(무거운 부대)으로, 문신을 당하고 무거운 부대를 짊어진 종.

童은『釋名』"十五曰童 女子未笄者 亦稱

之也(15살을 동이라 한다. 여자는 아직 비녀를 꽂지 않았으면 또한 동이라 칭한다)", 『韻會』 "言童子未有室家者也(아직 결혼하지 않는 아이를 말한다)", 『增韻』 "十五以下謂之童子(15세 이하를 동자라 한다)", 『禮記』 주석 "成童 十五以上(성동은 15세 이상이다)"처럼 19세 이하의 미성년 남녀를 童이라 했는데, 주로 15세 전후에 편중되어 있다. 李德懋 『士小節』 "人心日溺 世道日敗 自不敎童子始也(인심이 날로 나빠지고 세도가 날로 퇴패해지는 것은 어린아이를 가르치지 않음으로부터 시작된 것이다)", "牧童" 등에서 그러한 쓰임을 살펴볼 수 있다. 하지만 현재는 "童話, 童謠, 童顔, 童心"처럼 어린아이를 뜻하는 의미로 주로 쓰인다.

36 손님

賓 / 客

　賓: 宀(집 면)+人+止(발의 모양)로, '밖에서 집안으로 발을 들여 놓는 사람'에서 '손님'의 뜻이 생겼다. 나중에 貝(조개의 상형)가 붙었는데, 이것은 손님이 왕래할 때 반드시 재물을 서로 주고받는 일에서 첨가되었다.

　賓은 『左傳』 "相敬如賓(서로 공경하기가 손님과 같았다)", 『史記』 "敬執賓主之禮(손님과 주인의 예를 공경히 실천했다)", 『左傳』 "出門如賓 承事如祭 仁之則也(문을 나감에 손님을 뵙듯이 하고, 일을 받듦에 제사를 모시듯이 하는 것이 인의 법칙이다)", "貴賓"처럼 지위가 존귀하거나 존중을 받는 사람이므로, 지위가 높거나 존중을 받는 나그

네의 의미로 쓰였다.

客: 宀＋各(위에서 아래로 향하는 발모양
과 기도가 합쳐서 신령이 내려오기를 기다
리다→이르다)으로, 딴 곳에서 집에 오다.

　　客은 『史記』 "李斯上書說 乃止逐客令(이
사가 상서해서 말하여 마침내 객을 쫓아내라는 명령을 그
치게 했다)", 『論語』 "赤也 何如 子曰 赤也 束帶立於朝 可
使與賓客言也 不知其仁也('적은 어떻습니까?' 하고 묻자,
공자께서 말씀하시길 '적은 띠를 띠고서 조정에 서서 빈객
을 맞아 대화를 나누게 할 수는 있거니와 그가 인한지는
알지 못하겠다' 하였다)" 疏 "可使與隣國之大賓小客言語應
對也(이웃 나라의 대객과 소객과 더불어 언어로 응대하게
할 수 있다)", 『老子』 "樂與餌 過客止(음악과 음식은 지나
가던 손님도 멈추게 한다)"처럼 밖에서 온 사람이거나 여
행하는 사람으로, 일시 寄居하는 자이며 지위가 존귀한 자
는 아니다. 이처럼 賓이 客보다 더 귀한 존재이나 『禮記』
"是故先生因爲酒禮 一獻之禮 賓主百拜 終日飮酒 而不得醉
焉 此先王之所以備酒禍也(그러므로 선왕이 말미암아 주례

를 만들어 한 번 술을 올리는 예에 빈객과 주인이 백 번 절하여 종일토록 술을 마시지만 취하지 않게 하였다. 이것은 선왕께서 술의 재앙을 대비하신 것이다)"처럼 賓客의 구별이 점차 축소되었다.

37 겨레

姓 / 氏 / 族

 **姓**: 女+生으로, 사람이 태어난 곳에서 '겨레'의 뜻이 생겼다.

姓氏는 『통감』 "姓者 統其祖考之所自出 氏者 別其子孫之所自分(성은 그 조상이 나온 것을 아우르는 것이고, 씨는 그 자손이 분파된 것을 분별한 것이다)", 『옥편』 "秦漢以前 姓和氏不同 姓爲氏之本 氏自姓出(진한 이전에는 성과 씨는 같지 않았다. 성은 씨의 근본이고, 씨는 성으로부터 나왔다)"처럼 戰國時代 이전에는 엄격한 구별이 있었다. 姓은 혈통을 표시하고 氏는 동일한 혈통의 다른 분파를 표시한다. 즉 姓은 동일 혈통의 사람이 공유하는 것인데, 氏는 어떤 한 가족이 특별히

가지는 것이다. 姓은 원시시대 氏族의 명칭인데, 씨족이 전성하면서 점차 분열이 발생하자 나누어진 씨족에서 생긴 명칭이 氏이다. 고대 姓은 周나라는 姬씨, 齊나라는 姜씨처럼 女가 들어가는데, 이것은 母系社會시기부터 흘러내려 온 것이다.

氏: 날붙이에 찔려 멀게 된 눈의 형상을 본뜬 것에서, 눈이 찌부러져 볼 수 없게 된 피지배 씨족.

氏는 근원이 다양하다. '神農氏', '葛天氏' 등 고대 씨족의 존칭에서 계급사회로 진입하면서 '齊, 魯, 宋, 鄭'처럼 封國을 씨로 삼거나, 屈原의 선조가 屈땅에 봉받아 屈씨가 된 것처럼 封邑을 씨로 삼거나, '司馬, 司徒'처럼 관직을 씨로 삼거나, '陶, 匠, 巫, 卜'처럼 기예를 씨로 삼거나, 조상의 이름, 머무르는 곳 등을 씨로 삼기도 하였다.

고대에는 『通志』 "三代之前 姓氏分而爲二 男子稱氏 婦人稱姓 氏所以別貴賤 貴者有氏 賤者有名無氏 …… 姓所以別婚姻 故有同姓異姓庶姓之別 氏同姓不同者 婚姻可通 姓同氏不同者 婚姻不可通(삼대 전에는 성씨가 나뉘어 둘이었

다. 남자는 씨를 칭하고 여자는 성을 칭했다. 씨는 귀천을
분별해주는 도구였는데, 귀한 자는 씨가 있고 천한 자는
이름은 있으나 씨가 없다. 성은 혼인을 분별해주는 도구였
으므로, 동성과 이성, 서성의 분별이 있었다. 씨는 같으나
성이 다르면 혼인을 할 수 있었지만, 성은 같고 씨가 다르
면 혼인을 할 수 없었다)", 『左傳』 疏 "別而稱之謂之氏 合
而言之則爲族(분별하여 일컬을 때는 씨라 하고, 합쳐서 말
할 때는 족이라 한다)"처럼 여자는 姓을, 남자는 氏를 주로
칭했으며, 柳芳 「論氏族」 "古者貴有氏 賤無氏(옛날 씨가
있으면 귀하게 여겼고 씨가 없으면 천하게 여겼다)"처럼
씨는 귀천을 분별하는 도구이므로 귀족이나 百工들은 氏
가 있었으나, 노예와 평민은 氏가 없었다.

　　그런데 戰國時代 이후 사회가 큰 변혁을 치루는 과정에
서 구 귀족이 첨차 몰락하여 貴賤을 분별하는 氏의 작용이
점차 소실되어 갔다. 더욱이 漢대 이후, 劉邦의 부하 장수
가운데 평민과 천민 출신이 많고 조상의 姓氏를 구별할 수
없어 姓과 氏가 하나로 합쳐지게 되었다. 顧炎武 『日知錄』
"姓氏之稱 自太史公始混而爲一 本紀于秦始皇則曰姓趙氏
于漢高祖則曰姓劉氏 是也(성씨의 칭호는 태사공으로부터
비로소 섞이어 하나가 되었다. 본기에서 진시황제에 대해

'성 조 씨'라 하였고, 한고조에 대해 '성 유 씨'라고 한 것이 이것이다)", 趙彦衞『雲麓漫抄』"姓氏後世不復別 但曰姓某氏 雖史筆亦然 按姓者 所以統系百世 使不別也 氏者 所以別子孫所自出(성씨는 후세 다시 분별하지 않고 다만 성 모 씨라고 했으며 비록 역사 기록에서도 또한 그러했다. 살펴보니, 성은 여러 대를 통괄하여 이어 분별하지 못하게 한 것이고, 씨는 자손이 나온 것을 분별한 것이다)",『격몽요결』"夫婦 二姓之合 生民之始 萬福之原(남편과 아내는 두 성이 합쳐진 것으로, 백성의 시초이며 모든 복의 근원이다)" 등에서 그러한 쓰임을 살펴볼 수 있다.

 族: 깃발의 상형+矢(화살의 상형)로, 軍旗 아래 많은 사람이 모이는 모양에서 모인 무리.

族은『左傳』疏 "別而稱之謂之氏 合而言之則爲族(분별하여 일컬을 때는 씨라 하고, 합쳐서 말할 때는 족이라 한다)", 朱熹「朱子十悔」"不親家族疎後悔(가족에게 친절하지 않으면 멀어진 뒤에 뉘우친다)",『靑莊館全書』"參族人婚姻會 勿妄論婚婦優劣(친척의 결혼 연회에 참석했을 때, 그 집 사위나 며느리의 잘나고

못난 것을 망령되이 논하지 말라)”,『靑城雜記』“天下有不
械而罪者五 高位一也 淸名二也 多財三也 多子四也 彊族五
也(천하에 법에는 걸리지 않지만 죄가 되는 것이 다섯 가
지 있으니, 높은 지위, 깨끗한 이름, 많은 재산, 많은 자식,
강성한 가문, 이 다섯 가지이다)”처럼 무리 지은 일가나 집
안의 뜻으로 쓰인다.

38 무리

群 / 衆

群: 君(신의 일을 주관하는 족장이 입으로 축문을 말하는 모양에서 '무리를 모으다')+ 羊(양의 머리 모양)으로, '무리 지은 양 떼.'

群은 양 떼가 무리지어 방목되고 무리지어 활동하므로,『禮記』疏 "羣謂禽獸共聚也(군은 짐승이 함께 모여 있는 것을 말한다)",『淮南子』"猛獸不群 鷙鳥不雙(맹수는 무리 짓지 않고, 맹금은 쌍을 짓지 않는다)",『戰國策』"驅群羊 攻猛虎(무리 양을 몰아 사나운 호랑이를 공격하다)", 權韠「鬪狗行」"誰投與狗骨 群狗鬪方狠(누가 개에게 뼈다귀 던져 주었나? 뭇 개들 사납게 싸우는구나)", "群集(떼를 지어 모임), 群盜(떼를 지은 도적)"처럼 무리가 모여 있는 것을 의미한다. 群의 상대어는 獨과 特이며, 群은 不孤의 의미이다.

 衆: 태양 아래에 많은 사람들이 모여 노동하고 있음.

衆은 뜨거운 태양 아래 많은 사람이 노동을 하는 것으로, 金文과 甲骨文에서는 農奴의 칭호였다. 농노는 사회에서 다수를 차지하므로, 『大學』 "失衆則失國(무리를 잃으면 나라를 잃는다)", 『莊子』 "同於己而欲之 異於己而不欲者 以出乎衆爲心也(자기와 뜻이 같기를 바라고 자기와 뜻이 다르기를 바라지 않는 것은 여러 사람들보다 뛰어나다는 것을 마음속으로 생각하고 있기 때문이다)", 『三峯集』 "衆心不一 無以整部伍 衆力不一 無以勝敵人(여러 사람의 마음이 하나로 뭉치지 않으면 隊伍를 정돈할 수 없고, 여러 사람의 힘이 하나로 합치지 않으면 적군을 이길 수 없다)", 『佔畢齋集』 "古諺云 一人善射 百夫決拾 言效之者衆也(옛말에 이르기를 '한 사람이 활을 잘 쏘면, 백 사람이 깍지와 팔찌를 정비한다'고 하였으니, 그것을 본받는 자가 많음을 말한 것이다)"

처럼 다수의 사람 즉 數量에 중점이 두어지게 되었다. 衆
은 농업에 종사하는 農奴로, 농노는 농업사회에서 늘 보이
고 보편적인 사람이기 때문에 일반인이나 세속의 사람을
衆人이라 일컫는다. 衆의 相對語는 "衆寡不敵"처럼 寡이고,
衆은 不少의 의미이다.

39 굶주리다, 흉년 들다
飢 / 餓 / 饑 / 饉 / 歉

飢: 食(식기에 음식을 담고 뚜껑을 덮은 모양)+几(다리가 뻗어 있어 안정되어 있는 책상에서 '머무르다')로, 음식물이 바닥나다.

飢는 『孟子』 "百畝之田 勿奪其時 數口之家 可以無飢矣(백 묘의 토지에 농사철을 빼앗지 않는다면 몇 식구의 집안이 굶주림이 없을 수 있다)", "今也不然 師行而糧食 飢者弗食 勞者弗息(지금에는 그렇지 못하여 군대를 데리고 다니면서 양식을 먹어, 굶주린 자가 먹지 못하며 수고로운 자가 쉬지 못하다)", "飢者易爲食(굶주린 자는 먹을 것을 만들어주기 쉽다)", 『明心寶鑑』 "飽煖思淫慾 飢寒發道心(배부르고 따뜻함에서 음욕을 생각하게 되고, 배

고프고 추운 데에서 道心이 싹튼다)”, “凡使奴僕 先念飢寒(무릇 노비를 부릴 때는 먼저 그들의 굶주림과 추위를 생각해야 한다)”, 『谿谷集』 “飢而待食 晷刻猶時月也 及其飽也則忘食矣 勞而待息 跬步猶千里也 及其佚也則忘息矣(배가 고파 먹을 것을 기다릴 때에는 잠깐 동안이 오히려 몇 달처럼 느껴지다가 배가 부르면 먹는 것을 잊어버리고, 힘들어 쉬기를 기다릴 때에는 반걸음도 오히려 천 리 길처럼 여겨지다가 편안해지면 쉬는 것을 잊어버리게 된다)”처럼 飽가 상대어로 밥을 먹을 때 먹을 음식이 없는 것으로 생명의 위험에는 이르지 않을 때 쓰인다.

 餓: 食＋我(갈쭉갈쭉한 날의 도끼)로, 먹을 것이 없어 몸이 야위어 뼈의 갈쭉갈쭉한 부분이 드러나다.

餓는 『論語』 “齊景公有馬千駟 死之日 民無德而稱焉 伯夷叔齊 餓于首陽之下 民到于今稱之(제 경공이 말 천사를 소유하였으나 죽는 날에 사람들이 덕을 칭송함이 없었고, 백이와 숙제는 수양산 아래에서 굶주렸으나 사람들이 지금에 이르도록 칭송하고 있다)”, 『孟子』 “庖有

肥肉 廐有肥馬 民有飢色 野有餓莩 此率獸而食人也(임금의 푸줏간에는 살진 고기가 있고, 마구간에는 살찐 말이 있으면서, 백성들은 굶주린 기색이 있고, 들에 굶어 죽은 시체가 있다면, 이것은 짐승을 몰아서 사람을 잡아먹게 한 것입니다)", 『耳談續纂』 "農夫餓死 枕厥種子(농부는 굶어죽더라도 그 종자를 베고 죽는다)", "餓鬼, 餓死"처럼 장시간 굶주려 행동을 할 수 없으며 거의 죽음에 가까울 경우에 쓰인다.

 **饑**: 食＋幾(자잘한 실과 지키는 戍가 결합하여 전쟁통에 수비병이 품은 미세한 마음씨)로, 음식이 거의 없다.

饑는 현대에는 飢와 엄격한 구별이 없으나 고대에는 구별이 엄격하여 『孟子』 "凶年饑歲 君之民 老弱 轉乎溝壑 壯者 散而之四方者 幾千人矣(흉년에 군주의 백성들이 노약자들은 시신이 구학에 뒹굴고, 장성한 자들은 흩어져서 사방으로 간 자가 몇 천 명이나 된다)", "齊饑 陳臻曰 國人 皆以夫子 將復爲發棠 殆不可復(제나라가 흉년이 들자, 진진이 말하길, '나라 사람들이 모두 부자께서 장

146

차 다시 당읍의 창고를 열어주게 하실 것이라고 기대하는데, 이는 다시 할 수 없을 듯합니다')", 『爾雅』 "穀不熟爲饑(곡식이 익지 않는 것을 기라 한다)"처럼 飢는 생리적 현상에, 饑는 자연현상과 사회현상으로 자연 재해로 말미암아 조성된 흉년을 의미한다. 그런데 이후 『채근담』 "饑則附 飽則颺 燠則趨 寒則棄 人情通患也(굶주리면 붙고, 배부르면 떠나며, 따뜻하면 모여들고, 추우면 버리니, 이것이 인정의 공통된 걱정이다)", "飢渴=饑渴, 飢餓=饑餓, 飢饉=饑饉"처럼 饑와 飢를 구분하지 않고 쓰기도 한다.

饉: 食+堇(노란 진흙으로, '적다'의 의미)으로, 식량이 적다.

饉은 饑와 連用되어 쓰이는 경우가 많으며, 『論語』 "子路率爾而對日 千乘之國 攝乎大國之間 加之以師旅 因之以饑饉 由也爲之 比及三年 可使有勇 且知方也(자로가 경솔히 대답하기를, '천승의 제후국이 대국의 사이에서 속박을 받아 전란이 가해지고 따라서 기근이 들어도 제가 다스릴 경우, 3년에 이르면 백성들을 용맹하게 할 수 있고 또 의리로 향할 줄을 알게 할 수 있습니다')" 주석 "穀不熟曰饑 菜不熟曰饉(곡식이 성숙되지 않음을 기라 하고, 채소가 성숙되지 않음을 근이라 한다)", 『廣韻』 "無穀曰饑 無菜曰饉(곡식이 없는 것을 기라 하고, 채소가 없는 것을 근이라 한다)"처럼 구분되기도 한다. 하지만 五穀이 익지 않으면 饑요 一穀이 익지 않으면 饉, 二穀이 익지 않으면 饑요 三穀이 익지 않으면 饉이라고도 쓰여 학설이 분분하다. 그런데 대체로 饉이 饑보다 정도가 더 심하여 흉년에 많은 사람이 죽을 경우에 쓰인다.

 歉: 欠(사람이 입을 벌린 모양에서 부족하다)와 마음이 두 군데에 걸쳐 있어서 어느 한쪽만으로는 성에 차지 않는다는 것이 결합되어, '뜻에 차지 않거'나 '흉년이 들다'의 뜻이 생겨남.

歉은 『廣雅』 "一穀不升曰歉 二穀不升曰饑(일곡이 익지 않은 것을 겸이라 하고, 이곡이 익지 않을 것을 근이라 한다)", 『宋書』 "久歲不登 公私歉敝(여러 해 곡식이 익지 않아 공사에서 흉년이 들어 백성이 고생하다)", 『靑城雜記』 "至治之餘 必有甚亂 大豐之後 必有過歉(지극히 잘 다스려

진 뒤에는 반드시 극심한 혼란이 있고, 큰 풍년이 든 뒤에
는 반드시 큰 기근이 든다)”, 『說文解字』 “歉 食不滿也(겸
은 먹은 것이 가득 차지 않은 것이다)”처럼 생리적 현상인
飢와 자연현상인 饑의 중간이다.

40 지혜

智 / 慧 / 哲 / 睿

智: 矢(화살)＋于(도려내기 위한 칼)＋口로, 화살이나 칼을 나란히 놓고 빌어서 신의 뜻을 알다.

智는 『釋名』 "知也 無所不知也(지혜는 알지 못하는 것이 없는 것이다)", 『淮南子』 "知可否 智也(가부를 아는 것이 지혜이다)", 『孟子』 "是非之心 智之端也(옳고 그른 것을 분별하는 마음은 지혜의 실마리이다)", 『老子』 "知人者智 自知者明(남을 아는 자는 지혜롭고, 자신을 아는 자는 밝다)" 등으로 볼 때 사람의 고도의 인식 능력이나 분별 능력을 가리킨다. 智의 어원은 『論語』 "知者樂水 仁者樂山 知者動 仁者靜 知者樂 仁者壽(智者는 물을 좋아하고 仁者는 산을

좋아하며, 智者는 動的이고 仁者는 靜的이며, 智者는 낙천
적이며 仁者는 장수한다)", 『商君書』 "知者見于未萌(지혜
로운 자는 아직 싹트지 않은 것에서 본다)" 등에서 보듯이
知이며, 智의 상대어는 『史記』 "智者千慮 必有一失 愚者千
慮 必有一得(지혜로운 자는 천 번 생각해도 반드시 하나를
잃을 때가 있고, 어리석은 자는 천 번 생각하면 반드시 하
나를 얻을 때가 있다)"처럼 인식 능력과 분별 능력이 모자
라는 愚이다.

慧: 彗(끈이 가지런한 비를 손에 잡은 형
상으로 회전이 빠르다)+心으로, 슬기로움을
뜻함.

慧는 『北史』 "慧黠 能彈琵琶 工歌舞(능력
이 뛰어나 비파를 탈 수 있었고 가무에 뛰어났다)", 『左傳』
"周子有兄而無慧 不能辨菽麥(주자에게 형이 있었는데 백치
여서 콩과 보리도 구분할 수 없었다)" 주석 "無慧 蓋世所
謂白痴(무혜는 세상에서 말하는 백치이다)", 『耳談續纂』 "初
三月 慧婦覯(초사흘 달은 지혜 있는 며느리가 본다)", 『賈子
道術』 "亟見窕察谓之慧(빨리 보고 가볍게 살피는 것을 혜

라 한다)"처럼 이해력이나 받아들이는 능력이 뛰어나 한 번 들으면 바로 알고 한 번 배우면 바로 이해하는 것을 의미한다.

哲: 折(서로 얽힌 복잡한 상태를 분리함)+口(입으로 도리를 밝힘)로, 복잡한 것을 풀어 입으로 밝힘.

哲은『方言』"齊宋之間謂之哲(제나라나 송나라 사이에서 철이라 했다)"에서 알 수 있듯이 智의 方言이다. 그런데 朴彭年의『朴先生遺稿』"哲人之愚黙焉而其心已融 不愚而愚 有焉若無(철인은 바보처럼 묵묵한데도 그 마음은 이미 통하고 있다. 어리석지 않으나 어리석은 듯하고, 있는 데도 없는 듯하다)",『說命』"知之曰明哲(아는 것을 명철이라 한다)",『詩經』"旣明且哲 以保其身(밝고도 슬기롭게 자신을 보호하다)",『左傳』"賴前哲(이전의 슬기로운 사람에 힘입다)"처럼 고도의 지혜를 갖춘 사람이나 경험이 풍부한 노인과 탁월한 지혜를 갖춘 '大智'에 쓰인다.

 **睿=叡**: 눈(目)과 '골짜기를 깊게 훑어 쳐서 통하게 하는 것'이 합쳐서, 사물에 깊고 밝게 통하는 눈.

睿는 『說文解字』 "本作叡"처럼 叡와 같은 자로, 『書經』 "思日睿(생각함이 지혜롭다)" 주석 "睿者 通乎微也(예는 은미한 것에 통하는 것이다)", 『孔子家語』 "睿明知通 爲天下帝(슬기가 밝고 지혜가 통하여 천하의 제가 되다)", 『說文解字』 "深明也(깊이 총명하다)", "睿感(임금의 느낌), 睿斷(임금의 결단), 睿謨(임금의 계책)"처럼 哲보다 더 총명한 경우에 쓰여 고대 황제나 聖人을 칭송하는 상투어로 변했다.

41 장사

商 / 賈

 **商**: 윗부분의 '밝은 것'과 아랫부분의 '높고 큰 殿閣'이 합쳐진 것으로, 멀리서도 분명하게 바라보이는 높은 전각에서 殷나라의 수도로 쓰임. 뒤에 은나라가 망하자 亡民으로 行商을 업으로 삼아 '장사'의 뜻이 생겼다.

　商賈는 과거 訓詁學者들은 "行商坐賈(다니면서 장사하는 것을 상, 앉아서 장사하는 것을 고)", 『주례』 주석 "行曰商處曰賈(다니는 것을 상이라 하고, 머물러 있는 것을 고라한다)"라고 구분하고 있다. 하지만 『左傳』 "鄭商人(정나라 장사꾼)", 『周易』 "商旅不行(장사꾼이 다니니 않다)", "褓負商"처럼 실제로 商은 名詞로 '장사하는 사람, 장사'의 의미

로 주로 쓰인다.

賈: 윗부분의 '덮어 가리다'와 아랫부분의 '재화'가 합쳐진 것으로, '재화를 넣어두다, 장사하다'의 의미가 생겼다.

賈는 『十八史略』 "良賈深藏若虛(좋은 장사꾼은 좋은 물건을 깊이 감추어두고 비어 있는 듯한다)"처럼 명사로 쓰이기도 하지만,『한비자』 "長袖善舞 多錢善賈(소매가 길면 춤을 잘 추고, 돈이 많으면 사는 일을 잘 한다)",『漢書』 "行詐以賈國(속임수를 행하여 나라를 팔다)", "賈不至千萬(팔아도 천만에 이르지 못한다)"처럼 동사로 쓰일 때가 더 많다. 賈는 처음에는 '사거나 파는 행위'로 쓰이다가 후에 '사거나 파는 사람인 장사하는 사람'으로도 쓰이게 되었다.

42 차다

寒 / 冷 / 淸 / 涼

寒: ⌒(지붕의 상형)+茻(풀로 깐 요)+人+仌(얼음이 어는 모양)으로, '집에서 사람이 추워서 풀을 아래 위로 깔고 덮고서 움츠려 있는 모양에서 '얼다, 차다'의 뜻이 생겨났다.

寒은 『論語』 "歲寒然後 知松柏之後彫也(해가 추워진 뒤에야 소나무와 잣나무가 뒤늦게 시든다는 것을 알 수 있는 것이다)"처럼 겨울이나 얼음이 어는 점 아래를 뜻하며, 『莊子』 "陰陽幷毗 四時不至 寒暑之和不成 其反傷人之形乎(음과 양이 아울러 도우면 사계절이 차례대로 이르지 않고, 추위와 더위의 조화가 이루어지지 않아, 아마 도리어 사람의 몸을 상하게 할 것이다)", 『채근담』

"天運之寒暑易避 人生之炎凉難除(하늘 운행의 추위와 더위는 피하기 쉬워도, 인생의 염량세태는 제거하기가 어렵다)"처럼 계절상 暑와 상대적으로 쓰이고, 漢 王褒「聖主得賢臣頌」"服絺綌之凉者 不苦盛暑之鬱燠 襲狐狢之暖者 不憂至寒之凄愴(시원한 갈포옷을 입은 자는 한여름의 찌는 듯한 무더위를 괴로워하지 않고, 여우와 담비의 따뜻한 갖옷을 껴입은 자는 한겨울의 차가운 추위를 근심하지 않는다)"처럼 온도상 燠과 暄의 상대로 쓰인다.

 冷: 冫+令(사람이 관을 쓰고 무릎을 꿇어 신의 뜻을 듣는 모양)에서, '시원스럽게 신의 뜻을 묻다.'

寒이 객관적 온도를 표시한다면, 冷은 『旬五志』 "言他事 食冷粥(타인의 일을 말하는 것은 차가운 죽을 먹는 것 같다)", "冷麪, 冷氣, 冷凍, 冷帶"처럼 사람이 온도에 대해 느끼는 감각을 나타낸다. 그래서 『晉書』 "冰炭不言 冷熱自明(얼음과 숯은 차고 뜨겁다고 말하지 않더라도 차고 뜨거움이 저절로 분명해진다)", 『육조단경』 "如人飮水 冷暖自知(사람이 물을 마셔보아야 차가운지 따뜻한지

스스로 알 수 있는 것과 같다)", "冷熱"처럼 寒의 상대어는 '燠, 溫'이라면 冷의 상대어는 '熱, 暖'이다. 寒帶보다 冷帶 지역이 덜 춥고, "寒波, 寒害, 冷水, 冷房"의 표현에서도 알 수 있듯이 冷보다 寒이 더 추울 때 쓰인다.

淸: 氵+靑(우물난간에 자라는 푸른 풀에서 '맑다'의 뜻)으로, '투명한 얼음'에서 '서늘하다'의 뜻이 생겼다.

淸은『禮記』"凡爲人子之禮 冬溫而夏淸 昏定而晨省(무릇 자식이 된 예는 겨울에는 따뜻하게 해드리고 여름에는 서늘하게 해드리며, 어두우면 이부자리를 정해드리고 새벽에는 안부를 살핀다)"처럼 온도에 있어 '여름의 서늘함'을 뜻한다.

涼=凉: 氵+良(곡물 중에 특히 좋은 것만을 골라내기 위한 기구의 상형)으로, '좋은 물'에서 '맑다, 서늘하다'의 뜻이 생겼다.

涼은『書經』주석 "冷之始也(냉의 시작이

다)", 『說文通訓定聲』 "冰之性爲寒 水之性爲凉(얼음의 성
질은 차가운 것이고, 물의 성질은 서늘한 것이다)", 『禮記』
"孟秋之月 凉風至(7월 달에 서늘한 바람이 불어오다)", 『抽
句』 "秋凉黃菊發 冬寒白雪來(가을이 서늘하니 누런 국화가
피고, 겨울이 추우니 흰 눈이 내리네)", 『韻會』 "薄寒爲凉
(약간 추운 것이 량이다)", "納凉, 凉月(가을밤의 달)"처럼
寒보다 덜 추우며, 冷과 暖의 사이로 약간 낮은 온도를 의
미한다.

43 바다
海 / 洋

海: 氵+毎(싹이 올라가는 모양의 글자로, 어머니는 풍성한 생산의 상징이므로 '풍성하게 많다'라는 의미)로, '물이 풍성하게 많은 곳' 즉 '바다'의 뜻이 생겼다.

海는 『老子』 "江海所以能爲百谷王者 以其善下之 故能爲百谷王(강과 바다가 온 골짜기의 왕이 될 수 있는 까닭은 잘 낮추기 때문이다. 그러므로 온 골짜기의 왕이 될 수 있는 것이다)", 『莊子』 "井蛙黽不可以語於海者 拘於虛也(우물 속 개구리에게 바다를 이야기해 줄 수 없는 것은 구멍 속에 매여 있기 때문이다)", 『明心寶鑑』 "凡人不可逆相 海水不可斗量(무릇 사람은 앞일을 미리 헤아려 볼 수 없고,

바닷물은 말로 헤아릴 수 없다)", 『東文選』 "溪澗之水 萬折而東流 終至於海(계곡의 물도 만 번을 굽이치면 동쪽으로 흐르다가 마침내 바다에 이르게 된다)"처럼 上古時代 사람들에게 가장 넓은 수역이므로, 海는 세상의 물을 받아들이는 곳으로 인식하여 無虛無盈한 것으로 간주했다. 그리고 『史記』 "大風起兮雲飛揚 威加海內兮歸故鄕(큰 바람이 일자 구름이 날리고, 위엄이 국내에 더해지자 고향으로 돌아왔다)"처럼 海內는 境內로, 白居易 「長恨歌」 "忽聞海上有仙山(문득 바다 위에 신선이 사는 산이 있다는 말을 들었다)"처럼 海外는 神仙이 통치하는 구역으로 생각하였다.

 洋: 氵+羊(양의 머리로 '크다'의 의미)으로, 큰 물.

洋은 『詩經』 "河水洋洋 北流活活(황하 물이 넘실넘실, 북쪽으로 콸콸 흐르네)"처럼 처음에는 '물의 형세가 넓고 크다'는 의미로 쓰이다가 "望洋之嘆"처럼 '큰 바다'의 뜻으로 쓰였다.

그런데 '海岸, 近海, 大洋, 遠洋'처럼 육지에서 가까운 곳을 海, 더 크고 더 멀리 나간 바다를 洋으로 구분해서 사용하는 것은 唐宋 이후 항해 사업이 발달한 이후에 구분되어 쓰였다.

44 성내다

慍 / 快 / 憤 / 忿 / 怒 / 恚

慍: 忄+昷(열기가 가득 차다)로, 불평이 마음에 가득 차다.

慍은 『論語』 "人不知而不慍 不亦君子乎(남이 알아주기 않아도 성내지 않는다면 또한 군자가 아니겠는가?)", "子路慍見曰 君子亦有窮乎(자로가 얼굴에 불만을 품고 공자를 뵙고서 '군자도 궁함이 있습니까?'라 했다)", 『史記』 "是以就極刑 而無慍色(이 때문에 극형에 나아가도 성내는 빛이 없었다)"처럼 성내는 정도가 비교적 약한 것으로, 마음에 불평이 있어도 참아서 드러내지 않거나, 간혹 표출하더라도 얼굴에만 드러날 뿐 행동이나 언어상에 표출이 되지 않을 때 쓰인다.

怏: ↑+夬(목에 칼이 씌워진 사람의 형상)
으로, 목에 칼이 씌워진 사람의 심리 상태.

怏은 慍보다 한 등급 더 성이 난 것으로,
『增韻』 "情不滿足也(마음이 만족하지 않는
것이다)"처럼 단순한 불만의 수준을 넘어 마음에 원망의
기운을 품거나 원망의 정서가 밖으로 표출된 상태를 말하
며,『史記』 "居常怏怏(거처할 때 늘 만족해하지 않았다)",
"怏怏不樂"처럼 重疊하여 많이 쓰인다.

憤: ↑+賁(조개의 무늬가 왕성하게 밖으로
퍼지다)로, 왕성하게 밖으로 퍼지는 마음.

憤은 『論語』 "不憤不啓(발분해하지 않으
면 열어주지 않았다)", "發憤忘食(분발하여
먹는 것까지 잊다)",『靑莊館全書』 "耻憤惕悔 爲人之基(부
끄러워하고 발분하고 두려워하고 뉘우침은 사람이 되는
기본이다)"처럼 처음에는 마음속에 쌓여 있는 마음의 작용

이었다. 그러다가 불평을 표시하면서 처음에는 慍과 같은 정도로 쓰이다가, 『楚辭』 "發憤以抒情(분한 마음을 드러내어 마음을 펴다)", 『周語』 주석 "鬱積而怒滿也(마음이 답답하여 분노가 가득 찬 것이다)", '憤慨, 鬱憤, 激憤, 憤氣撑天(분한 마음이 하늘을 찌를 듯이 솟구쳐 오름)'처럼 나중에는 慍과 快보다 정도가 더 심해 좀 더 강렬한 마음의 작용을 표현하고 있다.

忿: 分(칼로 둘을 나누는 모양)+心으로, 마음이 둘로 나누어짐.

忿은 怒와 함께 외부로 마음이 드러나거나 행동으로 표출될 때 쓰이는데, 忿은 『大學』 "身有所忿懥 則不得其正(마음에 성내는 것이 있으면 그 바름을 얻지 못한다)", 『通鑑節要』 "爭恨小故 不忍憤怒者 謂之忿兵 兵忿者敗(작은 일을 다투며 한스러워 하고 분노를 참지 못하는 것을 분병이라 하는데 분병하는 자는 패배한다)", '激忿, 忿怒'처럼 성나는 기운이 매우 크거나 감정이 충동되어 이성적으로 논리적 제어의 상태를 잃어버린 경우에 쓰인다.

 **怒**: 奴(힘을 다해 일하는 여자 노예)+心으로, 감정에 힘을 넣다.

怒는 『中庸』 "喜怒哀樂之未發 謂之中(희로애락의 정이 아직 드러나지 않은 것을 중이라 한다)", 『論語』 "不遷怒 不貳過(노여움을 남에게 옮기지 않았고, 잘못을 두 번 저지르지 않았다)", 『東國李相國集』 "常直不弓 被人怒嗔(항상 곧기만 하고 활처럼 굽히지 않으면 남의 노여움을 받게 된다)", 『湛軒書』 "雖有過誤 亦必溫言敎戒 不可奮詈暴怒以致含怨失和(비록 잘못이 있더라도, 또한 반드시 부드러운 말씨로 가르치고 경계해야 할 것이며, 너무 꾸짖고 격렬하게 노여워함으로써 원한을 머금거나 화목을 잃음에 이르러서는 안 된다)", 『國語』 "怨而不怒(원망은 하지만 성내지 않다)"처럼 마음의 충동이 강렬한 것에 중점이 있으므로, 『莊子』 "[螳螂]怒其臂以當車轍 不知其不勝任也(사마귀가 그 팔을 높이 들고 수레바퀴를 감당하는 것은 그가 그 일을 감당할 수 없음을 모르기 때문입니다)"처럼 기세가 대단할 경우에도 쓰인다.

恚: 圭(홀[위가 뾰족하고 아래가 사각인 옥]의 모양)+心으로, 홀처럼 뾰족한 마음.

恚는 『後漢書』 "恚憤而死(성내다가 죽었다)", 『法句經』 "貪婬致老 瞋恚致病 愚癡致死 除三得道(음탕함을 탐함은 늙음에 이르고, 성냄은 병에 이르고, 어리석음은 죽음에 이른다. 이 세 가지를 제거하면 도를 얻게 된다)", 『戰國策』 "去忿恚之心 而成終身之名(성내는 마음을 없애면 죽을 때까지의 명성을 이룰 수 있다)", 「許生傳」 "其妻恚且罵曰 晝夜讀書 只學奈何(그의 아내가 매우 화를 내면서 꾸짖기를 '밤낮으로 책을 읽더니 다만 어찌 하겠소만 배웠소')"처럼 정도가 심하여 죽음에 이를 수도 있을 경우에 쓰인다.

45 보배
寶 / 珍

 寶: ⌐(처마 모양)+玉(세 개의 옥을 세로
끈으로 꿴 모양)+缶(잔뜩 부푼 독의 모양)+
貝(조개의 상형)로, '집에 옥이나 돈이 가득
든 독'에서 '보배'라는 뜻이 생겼다.

寶는 『老子』 "我有三寶 持而保之 一日慈 二日儉 三日不
敢爲天下先(나에게 세 가지 보물이 있어 지니고 보존하고
있다. 첫 번째는 사랑이요, 두 번째는 검소함이요, 세 번째
는 감히 천하 앞에 나서지 않는 것이다)", 『孝經』 "孝者德
之本也 信者人之大寶(효는 덕의 근본이요, 신은 사람의 큰
보배이다)", 『論衡』 "大器晚成 寶貨難售(큰 그릇은 늦게 이
루어지고, 귀한 재물은 팔기 어렵다)"처럼 玉의 汎稱이나

물건의 값이 나가는 귀중한 물건에 주로 쓰이며, '無價之寶'라 칭할 수 있다.

珍: 玉+㐱(돈 꾸러미를 보자기로 싼 모양)으로, '옥을 보자기로 꽁꽁 싸서 깊숙이 간직하는 모양'에서 '보배'의 의미가 생겼다.

珍은 『회남자』 "珍怪奇物" 주석 "金玉爲珍(금과 옥을 진이라 한다)", 『주례』 "珍圭" 주석 "王使之瑞節(왕의 사신이 가지고 다니는 상서로운 부절)", "珍禽異獸(드물게 보이는 금수)", "奇樹珍果(쉽게 볼 수 없는 나무와 과일)"처럼 金玉의 종류나 珍貴하고 기이하여 보기 드문 물건에 주로 쓰이며, '稀世之珍'이라 말할 수 있다.

46 고치다
改 / 更 / 易 / 換

 **改**: 巳(뱀의 상형)+攵(막대기를 손에 잡고 치는 모양)으로, '뱀처럼 흉측한 귀신을 몽둥이로 두드려서 내쫓고 새로운 계절을 맞이하다.'

改는 원래 가지고 있던 것을 버리고 180도로 대전환하여 새로운 것을 중시하는 것으로, 『論語』 "過則勿憚改(잘못이 있으면 고치기를 꺼려하지 말라)", 『栗谷全書』 "今日所爲 明日難改(오늘 잘못한 일을 내일 고치기 어렵다)", 張顯光 『旅軒集』 "人非聖賢 誰能無過 過而能悔 卽當圖所以改之者 乃終至於無過之道也(사람이 성현이 아니고서야, 누구인들 잘못이 없을 수 있겠는가? 잘못하더라

도 뉘우쳐서, 곧 마땅히 그것을 고칠 방법을 꾀하는 것이 바로 마침내 잘못이 없는 경지에 이를 수 있는 길이다)", "改良, 改嫁, 改名"처럼 잘못된 것을 버리고 바른 道로 고쳐서 따르는 것에 쓰이게 되었다.

更: 丙(다리가 내뻗친 상의 상형)＋攴(손에 막대기를 잡고 있는 모양)로, '두 개의 상다리를 손으로 쳐서 단단하게 하다.'

更은 『史記』 "烈女不更二夫(열녀는 두 지아비를 바꾸지 않는다)", 『莊子』 "良庖歲更刀(훌륭한 요리사는 1년이 되어서 칼을 바꾼다)", "更迭"처럼 하나를 가지고 다른 하나와 교체하여 앞뒤가 서로 계속 이어지는 것에 중점이 있다. 그러나 『孟子』 "古之君子 其過也 如日月之食 民皆見之 及其更也 民皆仰之(옛날의 군자들은 그 과실이 해와 달의 日蝕·月蝕과 같아서 백성들이 다 그것을 보았고, 과실을 고침에 미쳐서는 백성들이 다 우러러보았다)", 『국어』 "此則寡人之罪也 寡人請更(이것은 과인의 죄이니, 과인이 고치고자 한다)"처럼 變更에 강조를 둘 때 때로는 更과 改가 서로 혼용되어 쓸 수 있다.

易: 도마뱀을 본뜬 것으로, 도마뱀은 시시로 색깔을 쉽게 변하므로 '바꾸다, 쉽다'의 뜻이 생겼다.

易은 改과 更처럼 없애거나 이어가는 관계가 아니라 『孟子』 "古者 易子而敎之(옛날 자식을 바꾸어서 그를 가르쳤다)", 『孟子』 "以小易大(작은 것으로 큰 것과 바꾸다)", 『後漢書』 "貴易交 富易妻(귀해지면 친구를 바꾸고 부유해지면 아내를 바꾼다)", 『元史』 "翦髮易書(머리털을 잘라 책으로 바꾸다)", "交易, 易姓革命, 易地思之, 易簀(대자리를 바꾸다)"처럼 竝列關係요 對等交換의 의미를 지니고 있다.

換: 扌 + 奐(산모 가랑이에 두 손을 갖다 댄 형상에서, 어느 때는 男兒를, 또 어느 때는 女兒를 끄집어내는 모양)으로, 손으로 바꾸다.

換은 易과 같은 용도로 쓰이는데, 고대에는 易이 주로 쓰였으며, 『晉書』 "嘗以金貂換酒(일찍이 금과 담비로 술과 바꾸었다)”, 『擊蒙要訣』 “古人詩曰 古人一日養 不以三公換 (옛 사람의 시에 이르기를 ‘옛날 사람은 하루의 봉양을 삼 공과도 바꾸지 않는다’ 하였다)”, 明나라 楊愼 『古今風謠』 “改頭換面(머리를 고치고 얼굴을 바꾸다)”, “換算, 換錢, 換 骨奪胎”처럼 六朝時代 이후 換이 쓰이기 시작했다.

47 신분이 낮다

卑 / 賤

 **卑**: 손잡이가 있는 둥근 술통에 손을 댄 모양을 본떠, 본래 '술통'의 뜻이었다. 파생하여 祭器用 그릇에 비하여 '천하다, 낮다'의 뜻이 생겼다.

卑는 『國語』 "然後卑事夫差(句踐이 그런 뒤에 노비의 신분으로 부차를 섬겼다)"처럼 주인을 모시는 奴僕이었는데, 『孟子』 "國君進賢 如不得已 將使卑踰尊 疏踰戚 可不愼與(나라의 君主는 어진이를 등용하되 부득이한 것처럼 해야 합니다. 장차 지위가 낮은 자로 하여금 높은 이를 넘게 하며, 소원한 자로 하여금 친한 이를 넘게 하는 것이니, 신중히 하지 않을 수 있겠습니까)", "位卑而言高

罪也(지위가 낮으면서 말은 높게 하는 것은 죄다)", 『莊子』
"尊卑先後 天地之行也(높은 것과 낮은 것, 앞서는 것과 뒤
에 따르는 것의 순서가 있어야만 하는 것은 천지의 운행이
다)", "男尊女卑, 天尊地卑"처럼 노복은 신분이 낮으므로
신분이 높은 尊의 상대어로 쓰였다.

賤: 貝+戔(창으로 거듭 찍어서 갈가리 찢
어 적어지다)으로, '재화가 적다'에서 '싸다,
천하다'의 뜻이 생겼다.

賤은 『孟子』 "體有貴賤 有小大 無以小害
大 無以賤害貴 養其小者爲小人 養其大者爲大人(몸에는 귀
한 것과 천한 것이 있으며, 작은 것과 큰 것이 있다. 작은
것으로 큰 것을 해치지 말아야 하며, 천한 것으로 귀한 것
을 해치지 말아야 한다. 그 작은 것을 기르는 사람은 소인
이 되고, 그 큰 것을 기르는 사람은 대인이 된다)"처럼 가
치가 낮은 의미로 쓰이다가, 『論語』 "貧與賤 人之所惡也
(빈천은 사람들이 싫어하는 것이다)", 『十八史略』 "糟糠之
妻不下堂 貧賤之交不可忘(어려울 때 함께 고생한 아내는
쫓아내어서는 안 되고, 가난하고 천할 때의 사귐은 잊어서

는 안 된다)”, 『谿谷集』 “夫以貴爲福者 位替則賤(대저 귀함을 복으로 삼는 경우에는 지위가 바뀌면 비천하게 된다)”, “賤民, 賤出”처럼 사회적 신분이 낮은 것에 비유되어 쓰였다.

卑는 諸葛孔明「出師表」 “先帝不以臣卑鄙(선제께서는 저를 비루하다고 여기지 않았습니다)”처럼 다만 사회적으로 지위가 낮은 것을 표현하지 인격이나 품질이 낮은 경우에는 결코 쓰이지 않지만, 賤은 『孟子』 “有賤丈夫焉 必求龍斷而登之 以左右望而罔市利 人皆以爲賤(천한 장부 한 사람이 있어, 반드시 농단을 찾아 올라가서 좌우로 바라보면서 시장의 이익을 망라하자, 사람들이 모두 천하게 여겼다)”, “賤視”처럼 품질이 낮거나 고상하지 못할 경우에도 쓰인다.

48 돌다

回 / 旋 / 轉 / 輾 / 斡

 **回**: 급류가 깊은 못으로 합류할 때 물이 세차게 감아 도는 것을 그린 모양.

回는 『荀子』 "水深則回(물이 깊으면 돈다)" 注 "回 旋流也(회는 돌아 흐르는 것이다)", 『詩經』 "昭回于天(밝게 하늘에서 돌다)", "回文詩, 回轉"처럼 둥글게 원을 그리며 움직이는 것에서, 『耳談續纂』 "投石石來 擲餅餅回(돌을 던지면 돌이 오고 떡을 던지면 떡이 돌아온다)", "回甲, 回歸"처럼 갔다가 다시 원상태로 돌아올 때도 쓰인다.

旋: 㫃(깃발의 모양)＋疋(발의 모양)로, '펄럭이는 깃발처럼 발로 빙글빙글 돌아다니다.'

旋은 『水經』 "昭山下有旋泉 深不可測(소산 아래에 빙 도는 샘이 있는데, 깊이를 헤아릴 수 없다)", 白居易 「凶宅」 "日暮多旋風(해가 저물자 회오리바람이 많이 분다)", "旋回"처럼 갔다가 다시 돌아오는 회전운동으로, 일반적으로 평면적 회전이나 나선형 운동일 경우에 사용한다.

轉: 車＋專(손으로 실패를 쥐고 감고 있는 모양)으로, '수레가 구르다.'

轉은 杜甫 「八陣圖」 "江流石不轉(강물은 흘러도 돌은 구르지 않는다)", 陶淵明 「雜詩」 "人生無根蔕 飄如陌上塵 分散逐風轉 此已非常身(인생은 뿌리도 꼭지도 없으니, 들길에 날리는 먼지와 같네. 흩어져 바람 따라 굴러다니니, 이것은 이미 항상 된 몸이 아니라네)", 蘇軾「中秋月」"暮雲收盡溢淸寒 銀漢無聲轉玉盤(저녁 구름 다 걷히니 맑고 차가운 기운 넘치고, 은하수 소리 없이 쟁반에 옥을 굴리네)"처럼 처음 수레바퀴가 도는 것과 관계가 있으므로, 끊임없이 운행하여 굴러가는 것에 쓰였다. 평면적 회전은 旋이 쓰였으나, 轉도 뒤에는 평면적 회전에 쓰이기도 했다.

輾: 車+展(대에 앉은 사람의 엉덩이의 상형, 基壇 위에 집을 지은 모양으로 높고 큰 집)으로, '수레가 구르다.'

輾은 『詩經』 "悠哉悠哉 輾轉反側(아득 하도다! 이리저리 뒤척이네)" 주석 "輾者轉之半 轉者輾之周(전은 몸을 뒹굴기를 반쯤 하는 것이고, 전은 전을 한 바퀴 하는 것이다)"처럼 반 바퀴 돌거나 반쯤 돌아누울 때 쓰인다. 하지만 輾轉을 일부에서는 90도와 180도로 회전하는 것을 의미하는 것이 아니라 신체가 끊임없이 변화하는 방향을 형용한 것으로 보기도 한다.

 斡: 斗(물건의 양을 되기 위한 자루 달린 국자의 상형)와 나머지 부분은 자루의 모양으로, '국자의 자루'에서 '자루를 잡고 움직여 물 따위를 휘젓다'에서 '돌다'의 뜻이 생겼다.

斡은 『楚辭』 "斡維焉繫(회전하는 끈이 어디에 매여 있는가?)"처럼 처음에는 특별히 天體가 회전하는 것에 쓰이다가 『漢書』 "斡流而遷(물이 돌아 흘러 옮겨가다)"처럼 물이나 세월이 흘러가는 것과 함께 쓰이게 되었다.

49 훔치다

盜 / 竊 / 偸

盜: 次(입에서 침이 흐르는 모양)+皿(음식을 담은 접시)으로, '음식이 담긴 접시를 보고 가지고 싶어서 침을 흘리다.'

盜는 『老子』 "不貴難得之貨 使民不爲盜(얻기 어려운 재물을 귀하게 여기지 않음으로써 백성들에게 훔치지 않게 한다)", 『呂氏春秋』 "掩耳盜鐘(귀를 막고 종을 훔치다)", 李奎報 「放鼠」 "人盜天生物 爾盜人所盜(사람은 천생의 물건을 훔치는데, 너는 사람이 훔친 것을 훔치는구나)", 『後漢書』 "盜名字者 不可勝數(이름을 훔치는 자는 다 헤아릴 수 없다)"처럼 몰래 남의 재물을 취하는 것으로 쓰이다가, 파생되어 자기의 소유가 아닌데 자기가 차지하고

서 자기 것으로 여기는 것으로 쓰였다.

 竊: 구멍에서(穴) 쌀(米)을 훔쳐내는 쥐에서 '훔치다'의 뜻이 나왔다.

竊은 처음에는 쥐 종류가 물건을 훔쳐 먹는 것이었는데, 『회남자』 "羿請不死之藥于 西王母 姮娥竊以奔月(예가 서왕모에게 불사약을 청했는데, 항아가 훔쳐서 달로 달아났다)"처럼 쥐는 실내에 있는 것이므로 집안의 도적이 물건을 훔칠 때 쓰이게 되었으며, 『耳談續纂』 "竊鍼不休 終必竊牛(바늘 훔치는 것을 멈추지 않으면 끝내 반드시 소를 훔친다)", 『禮記』 "多言去 竊盜去 (말이 많으면 내쫓기고, 도둑질하면 내쫓긴다)"처럼 일반적으로는 盜와 같은 쓰임을 지닌다.

竊은 "竊取"처럼 야비한 수단으로 훔치는 좀도둑이라면 盜는 "大盜"처럼 좀 대담하게 물건을 훔치는 것으로 구분하기도 한다. 또한 盜는 "群盜"처럼 규모가 큰 단체인데 비해 偸는 『漢書』 "大者群盜 小者偸穴(큰 것은 군도가 되고 작은 것은 좀도둑이 되었다)"처럼 작은 규모에 쓰이기도 한다.

偸: 亻+兪(나무를 파서 만든 마상이)로, 담장을 뚫어서 속의 것을 빼내다.

偸는 『左傳』 "吾儕偸食 朝不謀夕(우리들은 구차하게 먹기만 하며 아침에 저녁을 모의할 수 없었다)"처럼 先秦시대에는 '구차하다'로 쓰이다가 『漢書』 "長安市偸盜尤多 百賈苦之(장안의 시장에 도둑이 더욱 많아져 많은 장사들이 그것을 괴로워했다)", 張詠(946~1015) 「勸酒惜別」 "富貴有時來 偸閑强歡笑 莫與離憂買生老(부귀는 오는 때가 있으니, 틈을 내어 즐겁게 웃을 수 있도록 힘써, 이별의 근심으로 사서 늙은 짓을 하지 말라)"처럼 漢나라 이후에 점차 '훔치다'의 뜻으로 쓰이기 시작했다.

50 옥의 티

瑕 / 玷

 **瑕**: 玉＋叚(바위에서 양손으로 옥 덩어리를 캐내는 모양. 대체로 붉어서 '붉다'의 의미도 생김)로, 바위에서 막 캐어낸 옥 덩어리.

瑕는 玉이 순수하여 잡스러운 색이 섞이지 않은 것을 최고의 상품으로 여기며, 더구나 白玉을 가장 귀중하게 여기므로 白玉 위에 약간의 붉은 반점이 있는 것은 옥의 瑕疵이다. 그러므로 『정관정요』 "君子小過 蓋白玉之微瑕(군자의 약간의 잘못은 대개 백옥에 있는 작은 흠이다)", 『禮記』 "瑕不揜瑜(옥의 결점이 옥의 美點을 가리지 못한다)" 註 "瑕 玉之病也(하는 옥의 병이다)", "瑕疵"처럼 옥의 흠으로 쓰이게 되었다.

玷: 玉＋占(점은 거북의 등딱지의 특정한 點을 새겨서 하므로, 특정한 점을 차지하다)으로, 옥에 점이 찍히다.

玷의 『詩經』 "白圭之玷 尙可磨也 斯言之玷 不可爲也(백규의 흠은 여전히 갈 수 있으나, 이 말의 흠은 어찌 할 수 없다)", 『漢書』 注 "玉缺曰玷(옥이 이지러진 것을 점이라 한다)"처럼 어원은 點이므로 옥에 검은 반점이나 옥의 한 쪽이 떨어져 나간 것에 쓰인다.

51 죽다

死 / 亡 / 終 / 卒 / 薨
崩 / 沒 / 歿 /逝 / 去 / 殂

死: 歹(살이 깎여 없어진 사람의 白骨 시체의 상형)+人으로, 무릎을 꿇은 사람 앞의 시체.

死는 『釋名』 "人始氣絶曰死(사람이 비로소 기운이 끊어지는 것을 사라 한다)", 『한비자』 "生盡謂之死(생명이 다하는 것을 사라 한다)", 『白虎通』 "死之言澌 精氣窮也(사는 다하는 것으로, 정기가 다하는 것이다)", 『釋名』 "死者澌也 若冰釋澌然盡也(사는 다하는 것으로, 얼음이 녹아서 다 사라지는 것과 같다)", 『莊子』 "人之生 氣之聚也 聚則爲生 散則爲死(사람이 사는 것은 기가 모인 것이다. 기가 모이면 사는 것이고, 기가 흩어지면 죽는 것이다)", 『論語』

"朝聞道 夕死 可矣(아침에 도를 들으면 저녁에 죽어도 괜찮다)", "敢問死 曰 未知生 焉知死('감히 죽음에 대해 묻겠습니다'라고 자공이 묻자, 공자께서 말씀하시길 '아직 삶도 알지 못하는데, 어떻게 죽음을 알겠는가?' 하셨다)", 『老子』 "萬物草木之生也柔脆 其死也枯槁(만물 중에 초목이 살아 있을 때는 부드럽고, 죽었을 때는 말라 있다)"처럼 生의 상대어로, 氣가 다하여 생명의 과정이 끝난 사람·禽獸·식물 등에 모두 쓰인다. 그리고 『禮記』 "庶人曰死(서인이 죽는 것을 사라 한다)", 『禮記』 "君子曰終 小人曰死(군자의 죽음을 종이라 하고, 소인의 죽음을 사라 한다)", 『周禮』 "少曰死 老曰終(젊은이가 죽는 것을 사라 하고, 늙은이가 죽는 것을 종이라 한다)"처럼 구분하기도 한다.

亡: 굽혀진 사람의 시체에 무엇인가를 더하는 모양.

亡은 인간 세상에 존재하지 않는 것으로, 『老子』 "死而不亡者壽(죽더라도 죽지 않는 자는 오래 산다)", 『列子』 "速亡愈於久生(빨리 죽는 것이 오래 사는 것보다 나을 수도 있다)", 『漢書』

"存亡不可知(살았는지 죽었는지 알 수가 없다)"처럼 사람에게 있어서는 사망, 『孟子』 "入則無法家拂士 出則無敵國外患者 國恒亡(들어가면 법도를 지키는 집이나 도와주는 선비가 없으며, 나오면 대적하는 나라와 밖으로의 근심이 없으면 그 나라는 언제나 망하게 된다)"처럼 국가나 가족에 있어서는 멸망, 『論語』 "孔子曰 操則存 舍則亡 出入無時 莫知其鄕 惟心之謂與(공자께서 말씀하시길 '잡아두면 남아 있고 놓아두면 없어진다. 드나드는 것이 때가 없어서 그 향할 곳을 알지 못한다' 하셨는데, 생각건대 마음을 말씀하신 것인가 보다)"처럼 기타 사물에 있어서는 消失의 의미로 쓰인다.

 終: 실의 양끝을 맺은 모양을 본떠 '끝맺다, 끝'의 뜻이 생겼다.

終은 처음에는 "始終"처럼 始의 상대어로 結束의 뜻이었으나, 『論語』 "愼終追遠 民德歸厚矣(喪을 삼가고 멀리가신 분을 추모하면 백성의 덕이 순박한 데로 돌아갈 것이다)", 『莊子』 "不亦悲乎 終身役役 而不見其成功 茶然疲役 而不知其所歸(또한 슬프지 않은가?

죽을 때까지 애쓰면서도 그 성공을 보지 못하고, 고달파 지쳐도 그 돌아갈 곳을 모른다니)", "臨終"처럼 죽음을 싫어하기 때문에 '死'를 代替하여 쓰이기 시작하였다. 『禮記』 "君子曰終 小人曰死(군자의 죽음을 종이라 하고, 소인의 죽음을 사라 한다)", 『周禮』 "少曰死 老曰終(젊은이가 죽는 것을 사라 하고, 늙은이가 죽는 것을 종이라 한다)"라 구분 짓기도 한다.

卒: 사람이 죽었을 때 덮는 의복의 모양이다.

終과 비슷한 것으로 卒이 있는데, 『禮記』 "天子·死曰崩 諸侯曰薨 大夫曰卒 士曰不祿 庶人曰死(천자의 죽음을 붕이라 하고, 제후는 홍이라 하고, 대부는 졸이라 하고, 사는 불록이라 하고, 서인은 사라 한다)", 『新唐書』 "凡喪 二品以上稱薨 五品以上稱卒 自六品達于庶人稱死(무릇 죽음에, 2품 이상은 홍이라 칭하고, 5품 이상은 졸이라 칭하고, 6품에서 서인에 이르기까지는 사라 칭한다)", 『國語』 "桓公卒 孝公卽位(환공이 죽자, 효공이 즉위하였다)"처럼 大夫의 죽음에 주로 쓰인다.

薨: 死+瞢(눈이 흐려져서 어두워지다)으로, 사람의 의식이 흐려져서 마침내 죽다.

薨은 『禮記』 "諸侯曰薨(제후의 죽음을 훙이라 한다)", 『춘추』 "公薨于齊(공이 제나라에서 죽었다)"처럼 죽음에 대한 避諱法으로 제후의 죽음에 쓰인다. 그리고 『白虎通』 "薨之言奄也 奄然亡也(훙은 갑작스러움으로, 갑자기 사망한 것을 말한다)"처럼 갑자기 사망한 것을 뜻하기도 한다.

崩: 山+朋(鳳의 象形이 변형된 것으로, '확산하다'의 의미)으로, 산이 무너지다.

崩은 『禮記』 "天子死曰崩(천자의 죽음을 붕이라 한다)", 『史記』 "始皇崩於沙丘平臺 (진시황이 사구 평대에서 죽었다)", 「出師表」 "先帝知臣謹愼 故臨崩寄臣大事也(선제께서 제가 근신하다는 것을 아셨기 때문에 죽음에 임하여 저에게 큰일을 맡기셨습니다)", "崩殂=崩御"처럼 산이 무너진다는 표현을 활용하여 죽음을 온건하게 표현한 것으로, 天子의 죽음에 쓰인다. 앞서

언급한 것처럼 죽음에 대한 칭호에 엄격한 구분이 있는데, 崩과 薨은 용법에 엄격한 제한이 있으나, 卒과 終은 제한이 그렇게 엄격하지는 않다.

沒: 소용돌이치는 물속에 손을 넣고 무언가를 꺼내다.

沒은『莊子』"以舟之可行於水也 而求推之於陸 則沒世不行尋常(이 배는 물로 갈 수 있지만 육지로 그것을 밀어 올리고자 한다면 죽을 때까지 조금밖에 갈 수 없을 것이다)",『說苑』"晏子沒十有七年(안자가 죽은 지 17년이다)", "沒死=沒殺, 沒年"처럼 원래 물속으로 잠기는 것이었다가 인간 세상에서 사라지는 것으로 쓰였다.

歿: 沒과 同字이다.

歿은『史記』"其身未歿 諸侯倍叛(그 몸이 아직 죽지도 않았는데, 제후가 배반했다)",『後漢書』"戰歿(전쟁에서 죽다)"처럼 沒과 같은 용도로 쓰인다.

逝: 辶(길을 가다)＋折(깎아내다)로, 눈앞에
서 떠나다.

　　逝는 『論語』 "子在川上曰 逝者如斯夫 不
　　舍晝夜(공자께서 시냇가에 계시면서 말씀하
시길 '가는 것이 이 물과 같구나! 밤낮을 그치지 않는구나'
하셨다)", 『法句經』 "如河駛流 往而不返 人命如是 逝者不
還(물이 빠르게 흘러가서, 가면 돌아오지 않는 것과 같이,
사람의 생명도 이와 같아서, 가면 돌아오지 않는다)", 『後
漢書』 "長逝者魂魄(멀리 간 것이 혼백이다)", 曹丕 「與吳質
書」 "一時具逝 痛可言哉(동시에 모두 죽었으니, 통탄할 만
하구나!)"처럼 한 번 가면 돌아오지 않는다는 것에서 세상
과 길게 이별하게 되면 죽는다는 의미로 쓰였다.

去: 위의 사람의 형상과 아래 기도하는 입의 형상으로,
기도하여 사람에게 붙은 부정을 '제거하다, 떠나가다.'

　　去도 「古詩」 "去者日以疎(죽은 자는 날마
　　다 멀어진다)", 『佛經』 "空手來空手去(빈손
으로 왔다가 빈손으로 가다)", 陶淵明 「雜詩」

"日月還復周 我去不再陽(해와 달은 다시 운행하지만, 나는 죽으면 다시 태양을 볼 수 없다네)", "逝去"처럼 逝와 같은 용법으로 쓰인다.

 殂: 歹(살이 깎여 없어진 사람의 白骨 시체의 상형)+且(걸음을 거듭하는 徂의 생략형)로, 죽음의 세계로 가다.

殂도 『書經』 "帝乃殂落(황제께서 마침내 돌아가셨다)", 『爾雅·釋詁註』 "謂之殂落者 蓋殂爲往也 言人命盡而往落者 若草木葉落也(그것을 조락이라고 한 것은 대개 조는 가다는 의미로, 사람의 목숨이 다하여 가서 떨어지는 것이 마치 초목의 잎이 떨어지는 것과 같기 때문이다)", 「出師表」 "先帝創業未半而中途崩殂(선제께서는 나라를 세운 지 아직 반도 되지 않아 중도에 돌아가셨습니다)"처럼 崩과 마찬가지로 天子의 죽음을 諱하여 말한 것이다.

52 큰 건물

樓 / 閣 / 閤 / 宮 / 殿

 **樓**: 木＋婁(긴 머리를 틀어 올리고 그 위에 다시 장식을 꽂은 여성의 모양)로, '나무 위에 다시 나무를 얹는 것'에서 위로 위로 치솟는 건물인 '다락'의 뜻이 생겼다.

樓는 『爾雅』 "四方而高曰臺 狹而脩曲曰樓(사각에다 높이 솟은 것을 대라 하고, 좁으면서 길게 굽어 있는 것을 루라 한다)", 『釋名』 "樓謂牖戶之間有射孔(루는 창문 사이로 쏠 수 있는 구멍이 있는 것을 말한다)", 『六韜』 "視城中則有飛樓(성 안을 보니 망루가 있었다)"처럼 원래 높은 건축물에 덮개는 없이 관찰용으로 쓰여 거주할 수 없는 군사용 망루였으나, 『荀子』 "重樓疏堂(여러 층의 누각과 밝은 마루)",

王之煥 「登鸛鵲樓」 "白日依山盡 黃河入海流 欲窮千里目 更上一層樓(흰 해는 산에 의지해 다하고, 황하는 바다로 흘러 들어가네. 더 멀리 보고 싶어, 다시 일층의 누각을 더 오른다)", 『천자문』 주석 "憑眺謂之樓(기대어 바라보는 곳을 누라 한다)"처럼 戰國시대 말년에 거주할 수 있는 층이 많은 건축물이 되었다.

　일반적으로 樓와 閣은 層이 많은 건물이고, 宮과 殿은 규모가 크거나 장식이 화려한 건물을 가리킨다.

閣: 각각 문이 달린 지상에 높이 솟은 다락집.

閣은 『晉書』 "束之高閣(높은 선반에 그것을 묶어두다)"처럼 원래 판자를 사용하여 물건을 보관할 수 있는 찬장과 비슷한 것이어서, 『漢書』 "圖畵其人于麒麟閣(기린각에 그 사람들을 그렸다)", "奎章閣, 文淵閣, 山神閣"처럼 책이나 佛像을 보관하던 곳을 일컫기도 했고, 『晉書』 "高樓重閣(높은 누각과 층층인 다락)"처럼 층집인 다락집을 가리키기도 했다.

　이처럼 樓와 閣이 둘 다 집 위에 집을 지은 것이지만, 樓

는 주거용이며 閣은 보관·모심·유람·조망에 쓰인다.

閤: 門+合(뚜껑+그릇의 몸체로, 그릇에 뚜껑을 합치다)으로, 큰 문의 일부로서 포함되어 있는 협문.

閤은 원래 『爾雅』 "宮中之門謂之闈 其小者謂之閨 小閨謂之閤(궁중에 있는 문을 위라 하고, 그 작은 것을 규라 하며, 작은 규를 합이라 한다)"처럼 대궐 옆에 있는 작은 문이었다가, 『齊書』 "國王居重閤(국왕은 겹으로 된 궁전에 거처하다)", "閤下"처럼 옛날 三公大臣은 모두 대문에 閤을 설비해 놓은 데서 서열이 높은 사람이 거처하는 공간을 말한다.

宮: 건물 안의 방들이 이어져 있는 모양을 본떠, '집, 대궐'의 뜻이 생겼다.

宮은 『禮記』 "君子雖貧 不粥祭器 雖寒 不衣祭服 爲宮室 不斬於丘木(군자는 비록 가난하지만 제기를 팔지 않으며, 비록 춥더라도 제복을 입지 않으며, 집을 지을 때 조상의 무덤에 심은 나무를 베지 않는다)", 『墨子』 "父母妻子 皆同其宮(부모와 처자식이 모두 그 집에 함께 거처했다)"처럼 상고시대 보통 사람들이 거주하는 집으로 쓰였으나, 『漢書』 "女無美惡 入宮見妬(여자는 아름답고 추하고 상관없이 궁에 들어가면 시샘을 받는다)", 李齊賢「范蠡」 "論功豈啻破强吳 最在扁舟泛五湖 不解載將西子去 越宮還有一姑蘇(공을 논하면 어찌 강한 오나라를 쳐부순 것뿐이랴? 가장 큰 공은 오호에 조각배를 띄운 거지. 서시를 배에 싣고 떠날 줄을 몰랐더라면, 월나라 궁전에도 다시 고소대가 또 하나 있었을 것이네)"처럼 秦漢 이후로부터 칸이 많고 화려한 건축물로 오로지 궁궐로만 쓰이게 되었다.

殿: 展은 『說文古本考』 "殿 堂之高大者也(전은 집 가운데 높고 큰 것이다)"처럼 基壇 위에 집을 지은 모양으로 높고 큰 집을 의미하는데, 秦나라 이전까지만 해도 모든 큰 집을 나타내는 일반 명사였는데, 秦始皇이 황제가 거처하는 집을 뜻하는 글자로만 쓰기로 하면서 '궁전'의 의미로 정착되었다. 우측의 殳는 나중에 붙여진 것으로 사람들을 위압하기 위하여 궁전 앞에 세워놓은 각종 창들

을 상징한다. 鄭知常 「題登高寺」 "地應碧落不多遠 僧與白
雲相對閑 日暖燕飛來別殿 月明猿嘯響空山(땅은 푸른 하늘
에 닿은 채 그리 멀지 않고, 스님은 흰 구름 더불어 한가
히 마주 앉아 있네. 날씨 따스해 제비는 별전에 날아오고,
달이 밝자 원숭이 울음이 빈산에 울려오네)", "大雄寶殿,
神殿"처럼 궁전 이외에 불교와 도교에서 神을 받드는 건축
물도 殿이라 일컬었다.

  宮과 殿이 모두 황제가 거처하는 집이지만, 宮은 『천자
문』주석 "端居謂之宮(단정히 거처하는 곳을 궁이라 한다)"
처럼 군주가 단정히 거처하는 공간이며, 殿은 『천자문』주
석 "臨御謂之殿(납시는 곳을 전이라 한다)", 『漢書』주석
"殿 丞相所坐屋也(전은 승상이 앉아 있는 집이다)"처럼 殿
은 朝廷에서 朝會하거나 政事를 의논하는 곳이라면 宮은
일상적으로 기거하는 장소로 쓰이기도 한다.

53 총명하다

聰 / 明

聰: 耳+悤(마음이 바쁘다)으로, 귀가 바쁘다.

聰은 『莊子』 "耳徹爲聰(귀가 밝은 것을 총
이라 한다)", 『荀子』 "耳不能兩聽而聰(귀는
두 가지를 들을 수 없기 때문에 밝다)", "吾
所謂聰者 非謂其聞彼也 自聞而已矣(내가 말하는 총명함이
란 저것 즉 자기 몸 밖의 것을 듣는 것을 말하는 것이 아
니라 자신의 안에 있는 것을 듣는 것일 따름이다)", 『列子』
"痴聾痼啞 家豪富 智慧聰明 却受貧(어리석고 귀먹고 고질
이 있고 벙어리라도 집은 매우 부유하기도 하고, 지혜롭고
총명하더라도 도리어 가난하기도 한다)"처럼 원래 귀의 청
력이 좋아서 구별하거나 살피는 것을 잘 하는 것에서 명민

하거나 총기가 있다는 뜻으로 쓰이게 되었다.

 明: 해와 달을 합하여 '밝다.' 일설에는 囧(창문을 본뜬 것)＋月(달월)로, '창문을 비추는 달'에서 '밝다'는 뜻이 생겼다고도 한다.

明은 『莊子』 "目徹曰明(눈이 밝은 것을 명이라 한다)", 『荀子』 "目不兩視而明(눈은 양쪽으로 보지 않기 때문에 밝게 보이는 것이다)", "吾所謂明者 非謂其見彼也 自見而已矣(내가 말하는 밝음이란 저것 즉 자기 몸 밖의 것을 보는 것을 말하는 것이 아니라 자신의 안에 있는 것을 보는 것일 따름이다)", "明哲, 明見萬里(아주 총명하여 먼 앞일을 환히 내다봄)"처럼 시력이 좋아서 다른 사람이 볼 수 없는 것도 볼 수 있었다는 것에서 현명하다는 뜻으로 쓰이게 되었다.

『荀子』 "耳目聰明 四肢堅强(귀와 눈이 밝고 사지가 단단하다)"처럼 聰과 明은 上古時代에는 귀와 눈의 기능만을 가리키지 智力이 뛰어난 사람을 가리키는 것은 아니었다가 『춘추번로』 "聰者能聞事 而審其意也(총명한 사람은 일을 듣고 그 뜻을 살필 수 있는 사람이다)", 『한비자』 "知微

謂之明(미미한 것을 아는 것을 명이라 한다)"처럼 후에 사람의 지능이 뛰어난 것으로 쓰이게 되었다.

54 사랑하다

愛 / 慈 / 親 / 憐

愛: 受(이쪽 강변에서 배를 보내고 저쪽 강변에서 배를 받다)+心으로, 마음을 서로 주고받는 일에서 '사랑'의 뜻이 생겼다.

愛는 『孟子』 "孩提之童 無不知愛其親 及其長也 無不知敬其兄也(어린아이 중에 그 어버이를 사랑할 줄 모르는 이가 없으며, 그가 장성함에 이르러서는 그 형을 공경할 줄 모르는 이가 없다: 부모에 대한 사랑)", 『論語』 "弟子入則孝 出則弟 謹而信 汎愛衆而親仁 行有餘力 則以學文(제자가 들어가면 효도하고 나오면 공경하며, 행실을 삼가고 말을 성실히 하며, 널리 사람들을 사랑하는데 仁한 이를 가까이해야 하니, 이것을 행하고 남은 힘이 있으면 글을 배워야 한다: 일반인에 대한 사랑)", 『靑莊館全書』 "太嚴則悍子離 太愛則黠子肆 爲人親之道 嚴與愛之間乎(너무 엄하면 사나운 자식은 멀어지게 되고, 너무 사랑하면 교활한 자식은 방자하게 된다. 부모가 된 도는 엄격과 사랑의 사이일 것이다: 자식에 대한 사랑)"처럼 사람과 사람 간의 상호 기뻐하는 감정을 나타내기 때문에 감정 표시가 매우 광범위하다. 또한 『莊子』 "夫愛馬者 以筐盛矢 以蜃盛溺(무릇 말을 사랑하는 자는 광주리로 똥을 담아내며 대합으로 오줌을 담아낸다)"처럼 사람과 사물 사이에도 쓰일 수도 있다. 愛의 상대어는 『晉書』 "厭家鷄 愛野雉(집에 있는 닭을 싫어하고, 들에 있는 꿩을 좋아한다)", 『六韜』 "所憎者有功必賞 所愛者有罪必罰(미운 사람도 공이 있으면 반드시 상주며, 사랑하는 사람도 죄가 있으면 반드시 벌을 주어야 한다)"처럼 '惡, 憎, 厭'이다.

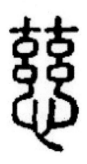

慈: 玆(어린 새끼들이 여러 마리인 모양)+心으로, '새끼들을 돌보고 아끼는 어미의 마음'에서 '사랑하다'의 뜻이 생겼다.

慈는 『左傳』 "慈和遍服曰順(자애롭고 조

화로우며 두루 복종하는 것을 순이라 한다)" 주석 "上愛下
日慈(윗사람이 아랫사람을 사랑하는 것을 자라 한다)",『管
子』"慈者 父母之高行也(자는 부모의 고상한 행동이다)",『傳
燈錄』"養子方知父慈(자식을 길러봐야 부모의 사랑을 알
수 있다)",『童蒙先習』"父雖不慈 子不可以不孝(부모가 비
록 자식을 사랑하지 않더라도, 자식은 효도하지 않을 수
없는 것이다)"처럼 애정의 감정이 제한적인데, 부모나 연
장자가 자식이나 어린아이에 대한 사랑을 표시할 때 쓰인
다. 그런데『左傳』"姑慈婦聽(시어머니는 사랑하고 며느리
는 따른다)", 前漢 桓寬『鹽鐵論』"慈母有敗子(자식을 사랑
하는 어머니에겐 망치는 자식이 있다)"처럼 봉건사회에서
는 아버지는 엄하고 어머니는 인자한 것을 강조하기 때문
에 어머니가 자녀를 사랑하는 것으로 더 많이 쓰인다. 그
리고 "慈善, 慈悲"처럼 가난하거나 고통받는 사람에 대한
사랑으로도 쓰인다.

 **親**: 見의 앞 글자는 '나아가 이르다'의 뜻
으로, '나아가 돌보다'에서 '어버이, 친하다,
몸소'의 뜻이 생겼다. 일설에는 立＋木＋見
으로, '나무 위에 서서 아이를 보고 있는 사

람'의 뜻으로 보기도 한다.

親은 처음 부모를 지칭하는 것이었다가 혈연관계나 혼인관계로 점차 확산되었으며, 『論語』 "弟子入則孝 出則弟 謹而信 汎愛衆而親仁 行有餘力 則以學文(제자가 들어가면 효도하고 나오면 공경하며, 행실을 삼가고 말을 성실히 하며, 널리 사람들을 사랑하는데 仁한 이를 가까이해야 하니, 이것을 행하고 남은 힘이 있으면 글을 배워야 한다: 일반인에 대한 사랑)", 『孟子』 "愛人不親 反其仁(내가 남을 아껴주었는데 남이 나에게 친근하게 해주지 않으면 나의 仁을 반성하라)", "人之親其兄之子 爲若親其隣之赤子乎(사람이 그 형의 자식을 사랑하는 것이 그 이웃의 어린아이를 사랑하는 것과 같이할 수 있겠는가?)"처럼 나중에는 관계가 긴밀하거나 서로 친근할 때도 쓰이게 되었다. 그리고 『明心寶鑑』 "久住令人賤 頻來親也疏(오래 머무르면 좋은 사람도 천해지고, 자주 오면 친한 사람도 멀어지게 된다)"처럼 親의 상대자는 疏이다.

憐: 忄＋粦(좌우로 흔들리는 도깨비불)으로, 좌우에 있는 이웃끼리 품은 마음.

憐은 『靑城雜記』 "勝於我者慕之 等於我者 愛之 不及於我者憐之 天下可太平(나보다 나은 사람을 사모하고 나와 같은 사람을 사랑하고 나만 못한 사람을 가엾게 여기면 천하가 태평할 것이다)", 『吳越春秋』 "同病相憐(같은 병에 걸린 사람들은 서로 불쌍히 여긴다)", 『史記』 "大夫亦愛憐少子乎(대부께서도 소자를 귀여워하십니까?)"처럼 강자가 약자에 대해, 지위가 높은 자가 낮은 자에 대해, 처한 환경이 우월한 자가 곤경에 처한 자에 대한 同情이거나 역경에 처한 사람들 간의 상호 동정에 쓰인다. 하지만 약자가 강자에 대한 동정 같은 경우에는 쓰이지 않는다. 그리고 『明心寶鑑』 "憐兒多與棒 憎兒多與食(아이를 사랑하면 매를 많이 주고, 아이를 미워하면 먹을 것을 많이 주어라)"처럼 남녀나 친한 사람 사이, 또는 나이가 많은 사람이 어린 사람에게 대한 사랑에도 쓸 수 있다.

55 근심
憂 / 患 / 愁 / 悒

憂: 머리에 탈을 쓰고 춤추는 사람의 상형이다.

憂는 『論語』 "知者不惑 仁者不憂 勇者不懼(지혜로운 자는 의혹되지 않고, 仁한 자는 근심하지 않으며, 용맹한 자는 두려워하지 않는다)", "人無遠慮 必有近憂(사람이 원대한 생각이 없으면 반드시 가까운 근심이 생긴다)", 『孟子』 "君子有終身之憂 無一朝之患也(군자는 죽을 때까지의 근심은 있어도 하루아침의 근심은 없다)", "內憂外患", "杞憂, 憂鬱"처럼 내심의 정서를 표시하는데, '樂, 惑, 懼, 悲' 등의 글자와 竝用하거나 對用으로 쓰이며, 일반적으로 목적어를 가지지 않는다.

患: 串(물건에 구멍을 뚫고 이어 꿰는 형상)+心으로, 마음을 꿰어 찌르는 것이 있어 근심하다.

患은 『論語』 "不患人之不己知 患不知人也(남이 자기를 알아주지 않음을 걱정하지 말고, 내가 남을 알아주지 못함을 걱정해야 한다)", 『孟子』 "入則無法家拂士 出則無敵國外患者 國恒亡(들어가면 법도를 지키는 집이나 도와주는 선비가 없으며, 나오면 대적하는 나라와 밖으로의 근심이 없으면 그 나라는 언제나 망하게 된다)", 『中論』 "學者 不患才之不贍 而患志之不立(배우는 사람은 재주가 넉넉하지 않은 것을 근심하지 말고, 뜻이 서지 않은 것을 근심해야 한다)", "患得患失(얻기 전에는 얻으려고 근심하고, 얻은 다음에는 그것을 잃을까 걱정하다)", "患難相救", "患部, 患候"처럼 밖에 있는 사물에 대한 근심을 표시하는 것으로, 일반적으로 목적어를 요구한다.

愁: 秋(＝愀 얼굴색이 변하는 모양)＋心으로, 얼굴색이 변하는 마음.

愁는 『勸戒全書』 "塡不滿慾海 攻不破愁城(아무리 메워도 욕심의 바다를 메울 수 없고, 아무리 공격해도 수심의 성을 부수지는 못한다)", 李白 「月下獨酌」 "窮愁千萬端 美酒三百杯 愁多酒雖少 酒傾愁不來(끝없는 시름 천만 갈래인데, 맛있는 술 삼백 잔 마시네. 시름은 많고 술은 비록 적어도, 술잔 기울이면 근심은 오지 않네)", 李白 「宣州謝朓樓 餞別校書叔雲」 "抽刀斷水水更流 擧杯消愁愁更愁(칼을 뽑아 물을 끊어도 물은 다시 흐르고, 술잔 들어 근심 씻어도 근심은 더욱 근심이네)"처럼 처음 사람의 얼굴색이 변화하는 모양(＝愀)이었는데, 얼굴색이 변화하는 것은 근심과 번민 등에서 나오므로 뒤에 답답하고 괴롭거나 비통, 처량한 심리에 쓰이게 되었다.

후에 글자의 의미 간에 조절이 발생하여, 愁는 점차 憂를 대체하였고, 憂는 患의 의미에 접근했으며, 患은 재앙이나 재난의 의미로 쓰이게 되었다.

悒: 忄＋邑(사람이 무리지어 사는 곳)으로,
마음이 무리지어 모여서 근심이 되다.

悒은 『大戴禮』 "君子無悒悒于貧(군자는 가
난을 근심해서는 안 된다)", 『楚辭』 "武發殺
殷 何所悒(무왕이 일어나 은나라를 멸하였으니, 무엇을 근
심하랴)"처럼 사람이 울적하여 즐겁지 못한 상태를 묘사한
것인데, 즐겁지 못한 것은 근심이 있거나 분노해서 생긴
것이므로, 심정이 펼쳐지지 못한 상태를 표시한다.

56 생각

思 / 想 / 懷 / 念

◇ 思와 想은 가지고 있는 인식에 근거해 분석, 종합, 추리, 판단, 상상하는 것이고, 懷와 念은 가지고 있는 인상에 대한 회상이다.

思: 田(뇌의 상형)+心으로, 두뇌와 마음으로 생각하다.

思는『易經』"思不出其位(생각이 그 지위를 벗어나서는 안 된다)",『論語』"學而不思則罔 思而不學則殆(배우기만 하고 생각하지 않으면 터득함이 없고, 생각만 하고 배우지 않으면 위태로워진다)",『中庸』"誠者 不勉而中 不思而得 從容中道 聖人

也(성실한 자는 힘쓰지 않고도 도에 맞으며 생각하지 않고
도 얻어서 조용히 도에 맞으니 성인이다)”, “思索, 思考, 深
思熟考, 三思而行”처럼 이미 알고 있는 현상에 기초해 논
리적으로 생각하는 것이다. 또한 李白「靜夜思」 “擧頭望明
月 低頭思故鄕(머리 들어 밝은 달을 보고 머리 숙여 고향
을 생각하네)”, 『史記』 “家貧則思良妻 國亂則思良相(집이
가난해지면 어진 아내를 생각하고, 나라가 어지러우면 어
진 재상을 생각한다)”처럼 과거 사물에 대한 회상이나 그
리움으로도 쓰인다.

 **想**: 相(나무의 모습을 보다)+心으로, ‘마
음에 사물의 형상을 본다’에서 ‘생각하다’의
뜻이 생겼다.

想은 戰國시대 말년에 겨우 쓰이던 글자
로, 『增韻』 “意之也 物未至而意之也(무언가
를 생각하는 것인데, 사물이 아직 이르지 않았는데 그것을
생각하는 것이다)”, 『明心寶鑑』 “濫想徒傷神(함부로 하는
생각은 다만 정신을 상하게 할 뿐이다)”, 安昌浩 “無努力而
希成功者 空想也(노력도 없이 성공을 바라는 것은 헛된 생

각이다)"처럼 희망적 생각을 함유하고 있어 假設敵 理想의
성분이 내포되어 있다. 또 '假想, 想像'처럼 아직 보지 못한
사물에 대한 추측이나, 이미 본 사물에 대한 '追想' 방면에
도 쓰인다.

 懷: 忄+褱(위는 눈에서 눈물이 쏟아지는 모
양이고 아래는 옷으로 합쳐서 '눈물에 젖은
옷'의 모양)로, 마음속으로 옷이 눈물이 젖도
록 그리워하다.

懷는 『論語』 "君子懷德(군자는 덕을 생각한다)", 『전국책』
"懷怒未發(생각한 분노를 아직 펴지 않다)", "懷春(혼인을
생각함), 懷古(지나간 옛일을 생각함), 懷鄕(고향을 그리워
하여 생각함)"처럼 마음으로 이미 지나간 사물에 대해 장
기간 연모하거나 사모할 경우에 쓰인다.

 念: 今(집안에 물건을 넣고 지키는 모양)+
心으로, 마음을 안에 넣고 지키다.

念은 『爾雅』 疏 "常思也(늘 생각하는 것이

다)", 唐 張蘊古 「大寶箴」 "羅八珍於前 所食不過適口 唯狂 罔念 丘其糟而池其酒(앞에 팔진미를 나열하더라도 먹는 것 은 입에 맞는 것에 지나지 않는데 미친 사람만은 이것을 생각하지 못하여 술지게미를 언덕처럼 쌓아놓고 물로 연 못을 만들었다)", 『法句經』 "不慢不自大 知足念反復 以時 誦習經 是爲最吉祥(교만하지 않고 스스로 큰 체하지 않으 며, 만족을 알아 반복해서 생각하며, 때로 經典을 외워 익 히면, 이것이 가장 길하고 상서로운 것이 된다)", 『靑城雜 記』 "處位高者 念下也懇(높은 지위에 처한 사람은 아랫사 람을 염려함이 간절해야 한다)", "念念不忘"처럼 부단히, 때때로, 반복하면서 생각하는 것이다.

정리하자면, '思考, 思索, 思辨'처럼 思는 推理에 중심이 있고, '空想, 幻想, 理想'처럼 想은 推理, 想像, 希望, 回想 에 중심이 있다. '懷古, 懷恨, 懷舊'처럼 懷는 지나간 오랜 일을 생각하는 것이고, '念佛, 念願'처럼 念은 항상 끊임없 이 생각하는 것이다.

57 숨

息 / 喘

息: 自(코의 상형)+心(심장의 상형)으로, 심장에서 코로 가는 숨.

息은 『廣韻』 "一呼一吸爲一息(한 번 숨을 들이마시고 한 번 숨을 내쉬는 것을 일식이라 한다)", 『漢書』 "尙不敢惕息(여전히 감히 두려워하여 숨을 쉬지 못했다)" 注 "出入氣也(나갔다 들어오는 기운이다)", 『論語』 "似不息者(숨을 쉬지 못하는 듯한 사람)", 『史記』 "間不容息(사이 숨 쉬는 것도 용납하지 않다)", 『說文解字』 註 "人之氣急曰喘 舒曰息(사람의 숨이 급한 것을 천이라 하고, 느린 것을 식이라 한다)"처럼 呼와 吸을 포괄하는 것으로 숨을 쉬는 모든 과정을 가리키며,

喘과 구별하여 느린 숨을 의미하기도 한다.

喘: 口+耑(수분을 얻어 식물이 뿌리를 뻗고 빨리 싹이 튼 모양을 형상)으로, 빠른 숨.

喘은 『說文解字』 "喘 疾息也(천은 빠른 숨이다)", 『說文解字』 註 "人之氣急曰喘 舒曰息(사람의 숨이 급한 것을 천이라 하고, 느린 것을 식이라 한다)", 『漢書』 "胸喘膚汗(가슴은 숨이 차고 피부는 땀이 나다)", 『世說新語』 "吳牛見月喘(오나라 소가 달을 보고 숨을 헐떡거리다)", "喘息"처럼 노동·열기·질병 등의 원인으로 인해 조성된 가쁜 숨의 의미로 쓰인다.

216

58 살피다

察 / 審 / 諦

察: 宀(처마의 형상)+祭(제단 위에 음식을 차려 놓은 모양)로, '집안에서 제사를 지내는 형상'에서, '신의 뜻을 분명히 살피다'의 뜻이 생겼다.

察은 『說文解字』 "察 復審也(찰은 다시 살피는 것이다)", 『新書』 "纖微皆審謂之察(작은 것도 모두 살피는 것을 찰이라고 한다)", 『論語』 "衆惡之 必察焉 衆好之 必察焉(여러 사람들이 그를 미워하더라도 반드시 살펴보며, 여러 사람들이 그를 좋아하더라도 반드시 살펴보아야 한다)", 『孔子家語』 "水至淸則無魚 人至察則無徒(물이 지극히 맑으면 고기가 없고, 사람이 지극히 살피면 친구가 없다)", 『益齋集』

"察秋毫而不見輿薪(가을의 가는 털을 살피면서도 수레의 나뭇짐을 보지 못하다)"처럼 자세히, 여러 방면에서 분명히 살피는 것이다. 그러므로 『論語』"人之過也 各於其黨 觀過 斯知仁矣(사람의 잘못은 그 무리에 따라 각각 다르니, 잘못을 보면 인을 알 수 있다)"처럼 觀이 총체적 윤곽을 파악하는 데 중점이 있다면 察은 섬세하고도 구체적으로 분명히 살피는 것에 중점이 있다.

審: 宀+番(위의 짐승의 발톱과 아래[田]의 짐승의 발자국이 결합된 것)으로, '집에 짐승의 발자국이 찍힌 모양'에서, 그 짐승이 어떤 짐승인지 '자세히 살피다'의 뜻이 파생되었다.

審은 『增韻』"熟究也(자세히 궁구하다)", 『莊子』"知足者 不以利自累也 審自得者 失之而不懼(만족을 아는 자는 이익 때문에 스스로 누를 끼치지 않는다. 자세히 살펴보니, 스스로 터득한 자는 잃는 것이 있어도 두려워하지 않는다)", 『小學』"近者不親 不敢求遠 小者不審 不敢言大(가까이 있는 사람과 친하지 못하면 감히 멀리서 구하지 말며, 작은 것을 살피지 못하면 감히 큰 것을 말하지 말라)", 『順庵集』 "作事 切須詳審謹愼 不可輕率怠緩(일을 할 때에는 모두 모름지기 자세히 살피고 조신해야 되며, 경솔하거나 태만해서는 안 된다)"처럼 자세히, 반복적으로 관찰한 기초 위에 분석을 진행하여 사물의 내부 인과관계나 實情을 찾아내는 것에 중점이 있다. 그러므로 察이 관찰에 중심이 두어졌다면, 審은 思辨에 중점이 있다고 하겠다.

 諦: 言(不信이 있을 때는 죄를 받을 것을 전제로 한 맹세)+帝(장작을 한데 묶어 태워 하늘에 제사 지내는 모양)로, '묶어서 하는 말'에서 '자세히 조사하다, 자세히 알다'의 의미가 생겼다.

諦는 『方言』 "諦審也 秦晉曰諦(체는 살피는 것이다. 진나라와 진나라에서는 체라 한다)", 『關尹子』 "諦毫末者 不見天地之大(가는 털끝을 살피는 자는 천지의 큰 것을 보지 못한다)", 『耳談續纂』 "牛耳誦經 何能諦聽(소귀에 경전을 읽는다 해도 어찌 살펴 들을 수 있겠는가?)"처럼 方言으로, 審과 같은 의미이다.

59 게으르다

懈 / 懶 / 怠 / 惰 / 慵

 **懈**: 忄+解(칼로 소의 뿔과 고기를 가르다)
로, 마음의 긴장이 풀리다.

懈는 『說苑』 "禍生於懈惰(재앙은 게으름에
서 생긴다)", 『三國志』 "懈弛也無備(게을러져
서 대비함이 없다)", 『淮南子』 "爲民興利除害而不懈(백성
을 위해 이익을 일으키고 손해를 제거하면서 게으르지 않
았다)", 『효경』 "夙夜匪懈(아침 일찍부터 밤늦게까지 게으
르지 않다)"처럼 정신이나 주의력 등이 긴장 상황에서 흩
어지는 과정이며, 思想이 집중된 상태에서 해체되는 과정
에 쓰인다.

懶: ↑+賴(지치다)로, 마음이 지
치다.

懶도 懈와 비슷한 의미이나, 懈
가 정신적으로 해이해진 것이라
면 懶는 육체적으로 게으른 것이다. 懶는 曾國藩 "百種弊
病 皆從懶生(모든 종류의 해악은 다 게으름으로부터 생긴
다)", 『後漢書』 "吾少懶學問(나는 젊어서 학문에 게을렀
다)", "懶讀書 但欲眠(독서에 게으르고 다만 잠만 자려고
하다)"처럼 신체가 각종 활동이나 노동을 싫어하고 편안하
기만을 좋아하는 것이다.

怠: 台(대지에 쟁기질 하여 흙을 부드럽게
풀다)+心으로, 마음이 풀어지다.

怠와 惰는 懈와 懶의 사이에 끼여 있는데,
怠는 懈에 가깝고 惰는 懶에 가깝다. 怠는 『荀
子』 "敬勝怠則吉 怠勝敬則滅(신중함이 태만
함을 이기면 길하고, 태만함이 신중함을 이기면 멸망하게
된다)", 『說苑』 "官怠於宦成(벼슬은 지위가 높아짐에서 게

을러진다)"처럼 정신 방면에 중점이 있으며 마음이 해이해진 것이다. 그런데 朱熹 "家若富 不可恃富而怠學(집이 만약 부유하더라도 부유함을 믿고 학문에 게을러서는 안 된다)", 『禮記』 "毋怠荒(게을러 일을 버려두지 말라)" 注 "放散身體也(몸을 놓아두는 것이다)"처럼 정신이 느슨해진 것 외에 신체적으로 피곤할 경우에도 쓰인다. 『國語』 "可先而不備謂之怠(먼저 할 수 있는데 대비하지 않는 것을 태라 한다)"처럼 懈는 정신이 긴장하다가 해이해진 것인데, 怠는 소홀히 하거나 적극적이지 않은 것을 드러내는 것이다. 그러므로 懈는 怠의 원인이고, 怠는 懈의 결과이며, 懈는 하나의 과정이고 怠는 정신 상태이다.

 惰: ↑과 '긴장이 빠져서 허물어지다'의 부분이 합쳐서 마음의 긴장이 풀어져서 조심성이 없다.

고대에는 주로 怠로 쓰였으며, 惰는 사용이 비교적 늦고 활용도도 많지 않다. 司馬光 「勸學歌」 "養子不敎父之過 訓導不嚴師之惰(자식을 기르면서 가르치지 않는 것은 부모의 죄요, 훈도를 엄하게 하지 않는 것은 스

승이 게으른 탓이다)”, 『孟子』 “世俗所謂不孝者五 惰其四
肢 不顧父母之養 一不孝也(세속에서 말하는 불효가 다섯
가지다. 그 사지를 게을리하여 부모의 봉양을 돌보지 않는
것이 첫 번째 불효다)”, 『靑城雜記』 “或問子亦有惡乎 曰 有
惡富貴而驕 貧賤而惰者(어떤 사람이 묻기를, ‘그대도 미워
하는 사람이 있는가?’ 하니, 대답하기를, ‘있다. 부귀하면서
교만하고 빈천하면서 나태한 사람을 미워한다’ 하였다)”처
럼 怠가 정신적인 면에 중점이 있다면 惰는 육체적인 면에
중점이 있으나, 『論語』 “語之而不惰者 其回也與(말해주었
는데 게을리하지 않는 자는 아마 안회일 것이다)”, 『禮記』
“臨祭不惰(제사에 임하여 게으르지 않다)” 註 “爲無神也(정
신이 없다는 것을 말하다)”처럼 간혹 정신적인 면에서도
쓰인다.

惰가 육체적으로 나태한 것에 중점이 두어졌는데 그런
점에서 懶와 비슷하지만, 『六部成語』 “好安逸曰懶 不勤謹
曰惰(편안한 것을 좋아하는 것을 라라 하고, 근면하지 않
은 것을 타라 한다)”처럼 정도상에 있어 차이가 난다.

慵: 忄＋庸(일정하여 변치 않다)으로, 마음에 움직임이 없다.

慵도 懶와 비슷한데, 慵은 白居易「香爐峰下新卜山居草堂初成偶題東壁」"日高睡足猶慵起(해가 중천에 뜰 때까지 충분히 자고도 오히려 일어나기 게으르네)", 徐敬德「山居」"雲巖我卜居 端爲性慵疏(운암에 내가 살게 된 것은 모두 성질이 게으르고 못 사귀기 때문이네)", "慵夫傳"처럼 한가로운 노인이나 어린아이들이 종일 일이 없어 무료하거나 나른하여 움직이고자 하지 않는 상태를 나타낸다.

원주용

성균관대학교 한문학과 박사과정 졸업(문학박사)
원광대학교, 한림대학교 등 강사
현) 성균관대학교 겸임교수
    전통문화연구회 강사

『목은 이색 산문 연구』
『고려시대 산문 읽기』
『동양의 지혜 그리고 현대인의 삶』
『조선시대 산문 읽기』
『천자문 쉽게 알기』
『고려시대 한시 읽기』
『조선시대 한시 읽기(상・하)』
「牧隱李穡의 碑誌文에 관한 고찰」
「陶隱散文의 문예적 특징」
「鄭道傳散文에 관한 일고찰」 외 다수

한자의 세계

이 형 동 의 자
異 形 同 義 字

세계

초판인쇄 2015년 11월 20일
초판발행 2015년 11월 20일

지은이 원주용
펴낸이 채종준
펴낸곳 한국학술정보(주)
주소 경기도 파주시 회동길 230(문발동)
전화 031) 908-3181(대표)
팩스 031) 908-3189
홈페이지 http://ebook.kstudy.com
전자우편 출판사업부 publish@kstudy.com
등록 제일산-115호(2000. 6. 19)

ISBN 978-89-268-7108-9 03710